アメリカ・カナダ大学連合日本研究センター
Inter-University Center for Japanese Language Studies

20の場面で学ぶ 敬語コミュニケーション

―― 気持ちが伝わる
中級からの日本語待遇表現

*Learn through
20 situations*

Keigo
for
Tailored Japanese
Communication

Intermediate & advanced expressions
for matching your message
with the interaction

the japan times PUBLISHING

Inter-University Center for Japanese Language Studies

General Editors:

Soichi Aoki　　　　Yoko Kato

Ari Sato　　　　　Akiyo Senda

Other Center Staff Members:

Tomotaro Akizawa　　Yoshiko Hashimoto　　Takuto Ito

Makiko Ohashi　　　Tsukasa Sato　　　　Saori Yuki

Former Staff Members:

Katsuyuki Komine　　Kiyomi Kishida

Takashi Matsumoto　　Hiroko Otake

20の場面で学ぶ敬語コミュニケーション
── 気持ちが伝わる中級からの日本語待遇表現

Learn through 20 situations
Keigo for Tailored Japanese Communication
Intermediate & advanced expressions for matching your message with the interaction

2024年7月5日　初版発行

著　者　アメリカ・カナダ大学連合日本研究センター

発行者　伊藤秀樹

発行所　株式会社ジャパンタイムズ出版

　　　　〒102-0082 東京都千代田区一番町2-2　一番町第二 TG ビル 2F

ISBN978-4-7890-1886-9

First edition: July 2024

Narrators: Shinnosuke Iwamoto, Mai Kanade and Inter-University Center for Japanese Language Studies Staff Members
Recordings: The English Language Education Council

Translations: Jon McGovern (English), Amitt Co., Ltd. (Chinese) and Nguten Do An Nhien (Vietnamese)
Photos: PIXTA
Layout design and typesetting: Soju Co., Ltd.
Cover design: atelier yamaguchi
Printing: Nikkei Printing Inc.

Published by The Japan Times Publishing, Ltd.
2F Ichibancho Daini TG Bldg., 2-2 Ichibancho, Chiyoda-ku, Tokyo 102-0082, Japan
Website: https://jtpublishing.co.jp/

ISBN978-4-7890-1886-9

Printed in Japan

は じ め に

　日本語は様々なレベルでバリエーションの多い言語だと言われている。そして、それを利用することで重層的な表現が可能となっている。相手や場面などによって表現のスタイルを大きく変えることができる点もその特徴の一つと言え、適切にその使い分けができるようになることは、日本語のレベルを中級、上級レベルへと高めるのに不可欠であると言える。

　スタイルの使い分けというと、一般には「敬語」が想起され、上下関係を表す表現形式ばかりに注意が向きがちだが、本書では、「敬語コミュニケーション」をより広く捉えている。それは、相手との関係や相手への負担、そして場の特徴を十分に考慮し、適切な待遇表現を用いて会話の目的を達成すると同時に、上下関係を含め、相手との心理的距離を調整することで、話し手がコミュニティー内での相互作用の中に自らを位置づけていくようなコミュニケーションであると考える。本書は、このような敬語コミュニケーションを身につけるための教材として作成したものである。

　アメリカ・カナダ大学連合日本研究センターでは、中上級専門の日本語教育機関として、このような相手や場面などに合わせた表現の適切さはきわめて重要だと考え、1963年の設立当時から待遇表現教育に力を入れてきた。1991年には、それまでの待遇表現教育の成果をもとに、『Formal Expressions for Japanese Interaction ―待遇表現―』を出版し、待遇表現を学習する教材として好評を博した。本書は、この旧版『待遇表現』を長年にわたり使用した知見を加え、あらためて「敬語コミュニケーション」として待遇表現を位置づけ、全面的に見直しを図ったものである。

　中上級へと学習を進めるにあたり、単に情報のやり取りにとどまることなく、ある特定の場面、役割、言語機能、相手の負担に対する配慮などを考慮し、そのような関係性の中での自分の位置づけをコントロールしていくコミュニケーション、すなわち「敬語コミュニケーション」をぜひ、身につけてほしい。本書がその一助になれば幸いである。

2024年7月

アメリカ・カナダ大学連合日本研究センター

もくじ　Contents ／目录／ Mục lục

4

本書の使い方

この本のねらい

　この本は、敬語によるコミュニケーションを身につけるためのテキストです。

　「敬語」というと、一般的には上下関係を表す表現形式ばかりに注意が行きがちですが、この本では、敬語によるコミュニケーションをもう少し広く捉えています。それは、相手との関係や相手への負担、そして場の特徴を十分に考慮し、その場に適切な待遇表現を用いて会話の目的を達成することです。さらに、話し手がコミュニティー内での相互作用の中に自分を位置づけていくことができるようにと考えています。

　そのため、このテキストでは、コミュニケーションで必要とされる10の代表的な言語行動を取り上げ、フォーマルだけではなく、カジュアルな場面も含め、適切なやりとりができるように学習していきます。

各ユニットの構成と使い方

ユニットの目標

　言語行動別に構成されたそれぞれのユニットで、具体的な目標が示されています。ユニット全体は、この目標に必要なことがまとめられ、順を追って学習することで、目標が達成されるように構成されています。

場面1・2
ば めん

A やってみよう

　自分の言語行動をあらためて見つめ直すことが目的です。

　まず、具体的な場面と目標とする言語行動が示されます。自分だったらどのような表現を使って、どのような順で表現するかをテキストを見ずに考えてみましょう。

　次に、モデル会話を聞き取り、下線部を埋めてください。

　最後に、自分で初めに考えた表現とモデル会話を比較して、どのような点が異なっているかを確認してください。その違いは、そのユニットの学習で特に注意すべき点になります。

B 基本部分を確認しよう

　ここでは、モデル会話の基本部分について、詳しく理解をしていきます。

　まず、 基本部分の流れと表現 で、目標となっている言語行動を行うのに必要な表現（青字で示されています）について、その機能と流れ、そしてスタイル別（ F フォーマル、 N ニュートラル、 C カジュアル）の表現を確認します。次に 基本部分の重要ポイント で、モデル会話の

パターンを確認し、そこに現れる個々の重要な表現について深く学習していきます。どちらも話者番号はモデル会話と共通しています。また、特に重要な表現については、**基本の表現とていねい度**の表が加えられていますので、参考にしてください。

C 練習しよう

　学習したモデル会話・基本パターンを確実に身につけるための練習です。まずモデル会話の外国人のパートをすらすら言えるように練習します。次に、`基本部分の重要ポイント` 、**基本の表現とていねい度**などを参考に、言い換え練習をしてください。

D 聞いてみよう

　モデル会話の様々なバリエーションです。モデル会話の基本的な流れを復習しながら、相手との関係や場面によって表現や構成がどのように異なるのかなどに注意し、理解力を高めていきましょう。

まとめの練習

　ここでは、ユニットで学んだことを穴埋め練習で復習しながら、実際の場面を想定した様々なロールプレイを行い、応用力を高めていきます。

✉ メールを書いてみよう

コミュニケーションは、対面での会話以外に、メールで行われることもあります。会話の時との構成や表現の違い、メール特有の表現などに注意しましょう。

Let's Challenge!

　ここでは、ロングさんの適切ではない会話例が示されています。ロングさんにどのようなアドバイスをしたらいいか、考えてみましょう。いろいろな答えが考えられますが、必ず直さなければならないところが含まれていますので、見逃さないようにしましょう。

Using This Book

Aim

The purpose of this textbook is to help Japanese language learners master the art of communicating with keigo.

More than often, keigo lessons focus solely on forms of expression that convey hierarchical relationships. This book, however, takes a broader perspective on keigo-based communication: how to effectively get your message across by fully analyzing various factors—your relationship with the listener, the situation, the burden placed on the listener, and more—and then choosing the right expressions for that context. It is also intended to enable you to define your position in the course of your interactions with others in your community.

To achieve those goals, this book explains how to effectively interact in ten common verbal activities essential to everyday communication, in both formal and casual settings.

Unit Structure & Use

ユニットの目標 Unit Can-dos

Every unit is built around one of the ten focus verbal activities and begins with this outline of the specific goals. Each unit is structured in way that helps you to achieve the goals by working your way through the material in the order presented.

場面 1・2 Situations
ば めん

A やってみよう Imagining your own conversation

This section is intended to help you take a fresh look at your verbal behavior.

Go over the contextual situation and target verbal activity presented at the beginning. Then, take your eyes off the textbook and think of the expressions you would use and how you would put them together into a coherent message.

Next, listen to the recording of the model conversation and fill in the blanks.

Finish by examining how the model conversation differs from the exchange you created in your own words. This process is an important part of each unit's learning experience.

B 基本部分を確認しよう Review of the main parts

In this section, you consolidate your understanding of the main parts of the model conversation.

In 基本部分の流れと表現 , you check your understanding of the expressions needed to perform the target verbal activity (the expressions printed in blue) in terms of their function, flow, and politeness level (F formal, N neutral, or C casual). Next, proceed to 基本部分の重要ポイント

to go back over the model conversation's pattern and study the core expressions in greater detail. The numbers next to the speakers in the dialogues in both subsections correspond to those in the model conversation. Particularly important expressions are listed in the **基本の表現とていねい度** table for your reference.

C 練習しよう Practice

These exercises are for helping you to firmly master the model conversation and basic pattern you studied. First, practice the part of the non-native speaker in the model conversation until you can say the lines smoothly. Next, practice swapping in alternative expressions, referring to **基本部分の重要ポイント** , **基本の表現とていねい度** , and other sections.

D 聞いてみよう Listening

This section presents several variations of the model conversation. Strengthen your comprehension by reviewing the basic flow of the model conservation and analyzing how the expressions and structure of each conservation change depending on the personal relationship, situation, and other factors.

まとめの練習 Review exercises

Review what you learned in the unit by completing the fill-in-the-blank exercises, and role-play various conversations based on real-world situations to boost your ability to apply your communication skills to different contexts.

✉ メールを書いてみよう Email practice

Communication isn't all face-to-face conversations—there's emails, too. As you practice writing emails, consider their characteristics, such as the expressions unique to them and how their structure and expressions differ from those of conversations.

This section presents conversations featuring "Wrong-san," a learner who has trouble using the right expressions. Think of the advice you would give him to communicate more effectively. There is more than one way to improve his choice of words, but be sure not to miss that parts that absolutely need to be corrected.

本书的使用方法

本书的目的

本书是用来学习使用敬语的交流方式的教材。

"敬语"人们通常容易关注它表达上下等级关系的形式，而本书则从更广阔的角度来解说使用敬语的交流方式。这指的是充分考虑与对方的关系、场合以及为对方造成的负担，通过使用符合当时情况的待人接物表达方式来实现会话目的。此外，能让说话人在社区内的相互作用中为自己定位。

因此，本教材收录了交流所需的十种典型语言行为，除了正式情境，还包括休闲情境，让读者学会适当的交流。

各单元的构成和使用方法

ユニットの目標 单元目标

按语言行为构成的各单元中列有具体目标。整个单元将通过总结该目标所需内容并循序学习来实现目标。

場面1・2 情境
ば めん

A やってみよう 试试看

目的是重新审视自己的语言行为。

首先，将展示具体情境和目标语言行为。如果是自己，会使用哪些表达方式，用什么顺序来表达？请先不要看教材，思考一下。

接下来，请听示范会话并填入划线部分。

最后，请将自己最初想到的表达方式与示范会话进行比较，看看有什么差异。这种差异将成为在学习该单元时特别需要注意的部分。

B 基本部分を確認しよう 确认基本部分

在这里将具体理解示范会话的基本部分。

首先，在 基本部分の流れと表現 "基本部分的流程和表达方式"中，对于目标语言行为所需的表达方式（蓝字部分），将确认它的功能、流程以及不同类别（ F N C 正式、中性和休闲）的表达方式。接下来，在 基本部分の重要ポイント "基本部分的要点"中，将确认示范会话的模式，并深入学习其中出现的各个重要表达方式。所有内容中的说话人编号与示范会话通用。此外，对于特别重要的表达方式，还附加了 基本の表現とていねい度 "基本表达方式和礼貌程度"表，请参考。

C 練習しよう 练练看 ━━━━━━━━━━

这是为了确保能掌握所学的示范会话和基本模式的练习。首先练习试着流畅说出示范会话中的外国人部分。接下来，参考 **基本部分の重要ポイント** "基本部分的要点"和 **基本の表現とていねい度** "基本表达方式和礼貌程度"等，换成其他内容练习。

D 聞いてみよう 听听看 ━━━━━━━━━━

这是示范会话的不同类型。复习示范会话的基本流程，同时注意因与对方的关系和不同情境，表达方式和构成会有什么差异等，来提高理解力吧。

まとめの練習 总结练习

在这里，将通过填空练习复习在单元中学习的内容，同时想象真实情境进行各种角色扮演，提高应用能力。

✉ メールを書いてみよう 试着写邮件

除了面对面会话以外，交流还可以通过电子邮件进行。构成和表达方式与会话时不同，请注意电子邮件特有的表达方式等。

Let's Challenge!

这里展示的是「ロングさん（Wrong-san）」的不合适会话示例。给 Wrong-san 什么建议比较好呢？来思考一下吧。答案可以有各种各样，但其中包括了必须要改正的地方，别忽视哦。

Cách sử dụng quyển sách này

Mục đích của quyển sách này

Đây là tài liệu học tập để tích lũy kiến thức giao tiếp bằng kính ngữ.

Nhắc đến "kính ngữ", thông thường chúng ta có khuynh hướng chỉ chú ý đến hình thức diễn đạt thể hiện mối quan hệ trên – dưới nhưng trong sách này, người học có thể nắm bắt rộng hơn một chút về giao tiếp bằng kính ngữ. Đó là lưu ý kỹ đến mối quan hệ với đối phương, nơi chốn, và gánh nặng giao tiếp của đối phương, để đạt được mục đích hội thoại có sử dụng cách ứng xử và diễn đạt phù hợp với nơi đó. Hơn thế nữa, người nói còn có thể xác định vị trí của mình trong tác dụng tương quan bên trong cộng đồng.

Do đó, trong tài liệu học tập này, chúng tôi đưa ra 10 từ vựng, hành động tiêu biểu được xem là cần thiết trong giao tiếp để người học có thể học cách trao đổi phù hợp không chỉ trong các tình huống trang trọng mà cả tình huống thông thường.

Cấu trúc và cách sử dụng của từng bài

ユニットの目標 Mục tiêu bài học

Mục tiêu cụ thể được hiển thị trong từng bài học có cấu tạo theo từng từ vựng, hành động riêng biệt. Những gì cần thiết cho mục tiêu này được tóm tắt trong bài học và toàn thể bài học được cấu tạo để người học có thể học theo thứ tự nhằm đạt được mục tiêu.

場面1・2 Tình huống
ばめん

A やってみよう Thử làm

Nhìn lại lời nói và hành động của mình là mục đích của phần này.

Trước tiên, tình huống cụ thể và lời nói, hành động sẽ là mục tiêu được hiển thị. Bạn hãy thử suy nghĩ mà không nhìn sách xem nếu là mình thì sẽ dùng cách diễn đạt như thế nào, và diễn đạt theo thứ tự ra sao.

Tiếp theo, bạn hãy nghe đoạn hội thoại mẫu, rồi điền vào phần gạch dưới.

Cuối cùng, bạn hãy so sánh cách diễn đạt mà mình đã suy nghĩ lúc đầu với đoạn hội thoại mẫu, kiểm tra xem khác nhau ở điểm nào. Sự khác nhau đó sẽ là điểm mà bạn cần đặc biệt lưu ý khi học bài đó.

B 基本部分を確認しよう Kiểm tra phần cơ bản

Ở đây, bạn sẽ học lý giải rõ phần cơ bản trong đoạn hội thoại mẫu.

Trước tiên, đối với cách diễn đạt cần thiết trong lời nói, hành động đang là mục tiêu trong phần 基本部分の流れと表現 "Thứ tự và cách diễn đạt phần cơ bản" (phần chữ màu xanh) thì bạn nên kiểm tra cách diễn đạt theo chức năng, thứ tự và hình thức (**F** trang trọng, **N** tự nhiên, **C** thông thường). Tiếp theo, trong phần 基本部分の重要ポイント "Điểm quan trọng của phần cơ bản", bạn sẽ phải kiểm tra kiểu hội thoại mẫu, học sâu về từng cách diễn đạt quan trọng xuất hiện ở đó. Phần nào cũng chung với đoạn hội thoại mẫu ở mã số người nói. Ngoài ra, bạn hãy tham khảo 基本の表現とていねい度 "Cách diễn đạt cơ bản và mức độ lịch sự" để biết thêm về cách diễn đạt đặc biệt quan trọng.

C 練習しよう Luyện tập

Đây là phần luyện tập để tích lũy chắc chắn kiểu hội thoại mẫu, kiểu cơ bản đã học. Trước tiên, luyện tập để có thể nói trôi chảy phần của người nước ngoài trong đoạn hội thoại mẫu. Tiếp theo, bạn hãy tham khảo 基本部分の重要ポイント "Điểm quan trọng của phần cơ bản", 基本の表現とていねい度 "Cách diễn đạt cơ bản và mức độ lịch sự" v.v. để thay từ và luyện tập.

D 聞いてみよう Thử nghe

Đây là các đoạn hội thoại mẫu đa dạng. Vừa ôn lại thứ tự cơ bản trong hội thoại mẫu vừa nâng cao năng lực lý giải thông qua lưu ý cách diễn đạt và cấu trúc khác nhau v.v. tùy vào mối quan hệ với đối phương và tình huống v.v.

まとめの練習 Luyện tập tổng kết

Ở đây, bạn vừa ôn tập bằng cách tập điền vào chỗ trống phần đã học trong bài, vừa tưởng tượng các tình huống trong thực tế để đóng vai, nâng cao năng lực ứng dụng.

✉ メールを書いてみよう Thử viết email

Giao tiếp có khi diễn ra qua email chứ không chỉ hội thoại trực tiếp, gặp mặt. Khác với cấu trúc và cách diễn đạt khi hội thoại, hãy lưu ý cách diễn đạt đặc trưng trong email v.v.

Let's Challenge!

Phần này trình bày các ví dụ hội thoại không phù hợp của Wrong-san. Bạn hãy thử suy nghĩ xem nên khuyên Wrong-san như thế nào. Có thể nghĩ nhiều câu trả lời nhưng hãy lưu ý để không bỏ lỡ những chỗ bắt buộc phải sửa lại.

■ 音声のダウンロード方法

How to Download the Audio Files
有声下载方法
Cách tải tệp âm thanh

本書の音声は、以下の2つの方法でダウンロード／再生することができます。すべて無料です。

The audio files for this book can be downloaded/listened to free of charge in the following two ways.

此书的有声音档可以使用以下2种方法下载／播放。完全免费。

Bạn có thể tải / mở tệp âm thanh của quyển sách này bằng 2 cách sau. Tất cả đều miễn phí.

① アプリ「OTO Navi」でダウンロードする

Download them on the OTO Navi app
下载「OTO Navi」APP
Tải bằng ứng dụng "OTO Navi"

右のコードを読み取って、ジャパンタイムズ出版の「OTO Navi」をスマートフォンや
タブレットにインストールし、音声をダウンロードしてください。

Scan the QR code to the right to download and install the Japan Times Publishing's OTO Navi
app to your smartphone or tablet. Then, use that to download the audio files.

使用手机或平板扫描右方二维码，就能够安装 The Japan Times 出版的「OTO Navi」APP，
下载有声音档。

Vui lòng đọc mã QR bên phải, cài đặt "OTO Navi" của NXB Japan Times vào điện thoại thông
minh hoặc máy tính bảng để tải tệp âm thanh.

② ジャパンタイムズ出版のウェブサイトからダウンロードする

Download them from the Japan Times Book club
在 The Japan Times 出版的官方网站下载
Tải từ trang chủ của NXB Japan Times

パソコンで下記の URL にアクセスして、mp3 ファイルをダウンロードしてください。

Access the site below using your computer and download the mp3 files.

使用电脑访问以下链接，下载 MP3 档。

Vui lòng truy cập vào đường dẫn URL sau bằng máy tính để tải tệp mp3 xuống.

https://bookclub.japantimes.co.jp/jp/book/b647352.html

ユニット **1**

はじめまして

自己紹介・あいさつ
じ こ しょうかい

ユニットの目標

◎ 改まった場での自己紹介やあいさつ、声かけができる。
あらた　　　　　　　　じ こ しょうかい

I can introduce myself, greet others, and start conversations in formal situations.／能在正式场合自我介绍、问候和打招呼。／Có thể giới thiệu bản thân, chào hỏi và bắt chuyện với người khác trong những tình huống trang trọng.

◎ 簡単に専門や仕事などの説明ができる。
かんたん　せんもん

I can simply explain my specialty, job, etc.／能简单说明自己的专业、工作等。／Có thể giải thích chuyên môn hoặc công việc v.v. của mình một cách dễ dàng.

場面1 自己紹介をする
ば めん　　じ こ しょうかい

A やってみよう

1. あなたは日本の大学院のゼミを聴講することになりました。ゼミの最初に簡
ちょうこう　　　　　　　　　　　　さいしょ　かん
単な自己紹介をしなさい。
たん　じ こ しょうかい

聴講する（ちょうこうする）to audit／听讲／nghe giảng

2. モデル会話1を聞いて、下の **基本** 部分の下線部をうめなさい。
き ほん　ぶ ぶん　か せん ぶ

•)) **U1-1**

基本 1-1

ヤン：はじめまして。

　　　スタンフォード大学大学院文学研究科＿＿＿＿＿＿＿＿＿＿＿＿＿＿
か

　　　ヤン＿＿＿＿＿＿＿＿＿＿＿＿＿＿＿＿＿＿。

　　　専門は日本文学で、＿＿＿＿＿＿＿大正時代の自然主義＿＿＿＿＿＿
せんもん　　　　　　　　　　　　　　　たいしょう じ だい　し ぜんしゅ ぎ

　　　研究しております。

　　　これから日本でしか読めない資料にあたって、
し りょう

　　　＿＿＿＿＿＿＿＿＿＿＿＿＿＿＿＿＿＿＿＿＿＿。

　　　日本の大学の授業に出るのは初めてですので、
はじ

　　　＿＿＿＿＿＿＿＿＿＿＿＿＿＿＿＿＿＿＿＿＿＿。

3. 次のページの **基本** 部分を見て、1で自分が考えた表現とどのような点が違うかを確認しなさい。
つぎ　　　　　　　　　　　　　　　　　　　　ひょうげん　　　　　　　　　　ちが　　かくにん

B 基本部分を確認しよう

で囲んだ **基本** 部分に注意して、スクリプトを見ながらもう一度モデル会話1を聞きなさい。 •)) **U1-1**

基本 1-1

ヤン① ：はじめまして。

② ：スタンフォード大学大学院文学研究科に所属しておりますヤンと申します。

③ ：専門は日本文学で、特に大正時代の自然主義について研究しております。

④ ：これから日本でしか読めない資料にあたって、研究を進めたいと思っております。

⑤ ：日本の大学の授業に出るのは初めてですので、

⑥ ：どうぞよろしくお願いいたします。

所属する（しょぞくする）to belong／所属／thuộc về, trực thuộc
大正時代（たいしょうじだい）Taisho era／大正时代／thời đại Taisho
自然主義（しぜんしゅぎ）naturalism／自然主义／chủ nghĩa tự nhiên
資料にあたる（しりょうにあたる）to refer to the document／参考资料／tham khảo tài liệu

基本部分の流れと表現

自己紹介するときの **基本** 部分の流れと表現を確認しなさい。

ヤン

① 初めのあいさつ	**F** **N** はじめまして
	F 本日より授業を聴講させていただくことになりました
② 所属・名乗り	**F** 〜に所属しております／〜に配属されました〜と申します
	N 〜の〜です
③ 専門	**F** 専門は〜で、特に〜について研究しております
	N 専門は〜で、特に〜について研究しています
④ 抱負	**F** 〜したいと思っております
	N 〜しようと思っています
⑤ あいさつの前置き	**F** **N** 〜は初めてですので
	F いろいろとご迷惑をおかけすることもあると思いますが
⑥ 結びのあいさつ	**F** どうぞよろしくお願いいたします
	N よろしくお願いします
	C よろしく

基本部分の重要ポイント

基本1-1 の流れを使って、重要ポイントを確認しなさい。 **F**

初めのあいさつ　　　ヤン①：はじめまして。

基本 1-1

所属・名乗り　　　　②：＿＿(所属先の名前)＿＿に所属しております＿(自分の名前)＿と申します。[1]～[5]

専門　　　　　　　　③：専門は＿＿(専門分野の名前)＿＿で、特に＿＿(専門の内容)＿＿について
　　　　　　　　　　　　 研究しております。

抱負　　　　　　　　④：＿＿(具体的な抱負の内容)＿＿したいと思っております。

あいさつの前置き　　⑤：＿＿(これから活動する場所やすること)＿＿は初めてですので、

結びのあいさつ　　　⑥：どうぞよろしくお願いいたします。

---

[1] 学部・学科の名前が長いときは、短くしてもいい。聞き手と話す場面によって聞き手に伝える情報の量を調節する。

[2] 正式な所属先を言う場合は、「の」は自分の名前の直前に1度だけ付ける。「の」を何回も言う必要はない。
　　○ 横浜大学大学院人文学部文学研究科修士課程2年のロバート・チェンと申します。
　　× 横浜大学の大学院の人文学部文学研究科の修士課程2年のロバート・チェンと申します。

[3] 名前の前と後に間を入れてわかりやすくはっきり発音する。特に名前や大学名などは、日本語らしい発音になるように気をつける。

[4] 「～と呼んでください」は、フォーマルな場では使わない。

[5] 聞き手の中に自分の指導教官と関係が深い人がいて、指導教官の名前を言う場合、「横浜大学の田中友子先生のもとで～を研究しておりました」のように言う。

---

[1] It's acceptable to shorten the name of your university department and course of study if they're long.

[2] When stating your official affiliation, add の just once, right before your name. It's not necessary to use の repeatedly to connect each element of your affiliation
　○ 横浜大学大学院人文学部文学研究科修士課程2年のロバート・チェンと申します。
　× 横浜大学の大学院の人文学部文学研究科の修士課程2年のロバート・チェンと申します。

[3] Enunciate names by adding a quick pause before and after them. Also, be sure to use Japanese pronunciation when saying your name, university name, or other non-Japanese names.

[4] ～と呼んでください (Please call me ~) is not used in formal situations.

[5] When mentioning your academic advisor's name to an audience that includes someone closely associated with the advisor, do so in a manner similar to 横浜大学の田中友子先生のもとで～を研究しておりました (I researched ~ under Prof. Yuko Tanaka of Yokohama University).

---

[1] 如果学部或学科的名称较长，可以用简称。根据与听者谈话的场合，调整向听者传达的信息量。

[2] 在表述正式的所属单位时，只要加一个"の"在自己名字前。无需说多个"の"。
　○ 横浜大学大学院人文学部文学研究科修士課程2年のロバート・チェンと申します。
　× 横浜大学の大学院の人文学部文学研究科の修士課程2年のロバート・チェンと申します。

[3] 在名字前后要有间隔，发音清晰，让人易懂。特别要注意的是，名字、大学名称等要用日语发音。

[4] 在正式场合不使用"～と呼んでください（请叫我～）"。

[5] 如果听者中有与自己的导师关系密切的人，并需要提到导师名字时，那么应该提到类似"横浜大学の田中友子先生のもとで～を研究しておりました（我在横滨大学的田中友子老师的指导下，研究～）"的话。

1. Khi tên khoa / ngành học dài thì có thể nói vắn tắt. Điều chỉnh lượng thông tin để truyền đạt cho người nghe tùy vào tình huống nói chuyện với người nghe.

2. Nếu nói cơ quan trực thuộc chính thức thì chỉ thêm "の" một lần, ngay trước tên của mình. Không cần nói "の" nhiều lần.

   ○ 横浜大学大学院人文学部文学研究科修士課程２年のロバート・チェンと申します。
   × 横浜大学の大学院の人文学部文学研究科の修士課程２年のロバート・チェンと申します。

3. Ngừng một chút trước và sau tên mình, phát âm rõ ràng, dễ hiểu. Đặc biệt, nên lưu ý phát âm tên mình và tên trường đại học v.v. sao cho như tiếng Nhật.

4. Không sử dụng "～と呼んでください (Hãy gọi em là ~)" ở những tình huống trang trọng.

5. Nếu trong số người nghe có người có mối quan hệ sâu sắc với giáo viên hướng dẫn của mình, thì nói tên của giáo viên hướng dẫn mình như sau "横浜大学の田中友子先生のもとで～を研究しておりました (Em nghiên cứu về ~ dưới sự hướng dẫn của cô Tanaka Tomoko, trường đại học Yokohama ạ.)".

C 練習しよう

1. モデル会話１を聞いて、ヤンの自己紹介がすらすら言えるように練習しなさい。

2. 基本 1-1 を使って自己紹介をしなさい。ただし、③専門と⑤あいさつの前置きは言わなくてもよい。

	場所	所属	抱負	
(1)	大学の文芸サークル	文学部１年	日本語で小説を書きたい	**F**
(2)	市の国際交流ラウンジ	日本語学校	敬語とカジュアルな日本語を練習したい	**F**
(3)	大学の日本語の授業	経済学部１年	経済の新聞記事が速く読めるようになりたい	**F**
(4)	大学のテニスクラブ	工学部１年	たくさんの人とテニスを楽しみたい	**N**
(5)	大学のダンスサークル	理学部１年	みんなと楽しく踊りたい	**N**

D 聞いてみよう

基本 1-1 を使ったいろいろなバリエーションを聞いてみましょう。

a. 新しく配属された部署で自己紹介する。 F　U1-2

ヤン：本日より営業部に配属になりましたヤン・タオと申します。以前は人事部におりました。営業には詳しくありませんが、先輩方に教えていただきながら精いっぱい努めてまいりたいと思います。いろいろとご迷惑をおかけすることもあると思いますが、ご指導・ご鞭撻のほど、よろしくお願いいたします。

営業部（えいぎょうぶ）sales department／营业部／phòng Bán hàng
配属する（はいぞくする）to assign／分配／bố trí (nhân sự)
人事部（じんじぶ）personnel department／人事部／phòng Nhân sự
精いっぱい（せいいっぱい）with all one's might／倾尽全力／hết sức mình
努める（つとめる）to endeavor／努力／phấn đấu, nỗ lực
ご指導・ご鞭撻（ごしどう・ごべんたつ）guidance and encouragement／指导和鼓励／hướng dẫn và khuyến khích

b. 日本の大学院の授業で自己紹介する。 F　U1-3

リン：ハワイ大学マノア校大学院社会学研究科修士課程を６月に修了しましたスーザン・リンと申します。修士課程では、労働の担い手不足に関する研究を行っておりました。今後は、特に大学生の労働に対する意識に焦点を当てて研究を進めていきたいと思っております。留学期間は１年だけですが、文献調査やインタビューなど、この機会を最大限に生かしたいと思いますので、ご指導、どうぞよろしくお願いいたします。

労働の担い手（ろうどうのにないて）labor／肩负劳动责任的人／người phụ trách lao động
不足（ふそく）shortage／不足／sự thiếu, không đủ
焦点を当てる（しょうてんをあてる）to focus／聚焦／tập trung
文献調査（ぶんけんちょうさ）literature survey／文献调查／điều tra tài liệu, khảo sát văn bản
最大限に（さいだいげんに）to the maximum extent／尽最大限度／đến mức tối đa
生かす（いかす）to make most of／利用、活用／tận dụng, phát huy

c. 奨学金の支給団体で自己紹介する。 F　U1-4

キム：はじめまして。横浜大学大学院文学研究科博士課程３年に在籍しているキム・ヒョンジュンと申します。研究対象は、「新版画」と呼ばれる大正・昭和時代の浮世絵で、現在の研究課題は、新版画と江戸時代の浮世絵の差異は何かということです。日本研究センターでは、浮世絵についての論文が楽に読めるように、しっかり日本語を勉強していきたいと思います。どうぞよろしくお願いいたします。

支給団体（しきゅうだんたい）scholarship-granting organization／付款机构／tổ chức cấp học bổng
在籍する（ざいせきする）to be enrolled／（学籍等）在册／trực thuộc, theo học
研究対象（けんきゅうたいしょう）research subject／研究对象／đối tượng nghiên cứu
浮世絵（うきよえ）woodblock print／浮世绘／tranh phù thế (ukiyo-e)
研究課題（けんきゅうかだい）research topic／研究课题／đề tài nghiên cứu
差異（さい）difference／差异／sự khác biệt

d. 日本語学校で自己紹介する。 🇫 🇳 　　　　　　　　　　　　　　　　　　　　🔊 U1-5

ロペス：みなさん、はじめまして。オマー・ロペスと申します。サンパウロ大学を2021年に
卒業後、半年間横浜の銀行でインターンシップをしました。修士号を取るために、来
年大学院に進学して、経営学を専攻しようと思っています。進学のために高度な日本
語を使えるようになる必要があるので、この学校を選びました。目標は、会話を上達
させることと、読解力を上げることです。特に読解力を鍛えて、どんなものでも速く
正確に読めるようになりたいです。どうぞよろしくお願いいたします。

経営学（けいえいがく）management／经营学、管理学／Quản trị học
専攻する（せんこうする）to major／专攻／chuyên ngành
目標（もくひょう）aim／目标／mục tiêu
読解力（どっかいりょく）reading comprehension skills／阅读理解力／năng lực đọc hiểu
鍛える（きたえる）to enhance／锻炼／trau giồi, rèn luyện

e. 会社の新入社員歓迎会のパーティーの席で自己紹介する。 🇫 　　　　　　　　　🔊 U1-6

ナカムラ：市場調査部のナカムラ・アレックスと申します。どうぞよろしくお願いいたします。
ハワイ大学を2022年に卒業後、約2年半、日本の不動産会社のハワイ法人に勤務し
ました。その時に得た経験を生かして、十分仕事がこなせるようにがんばっていきた
いと思います。まだ慣れないことが多く、教えていただくことも多いと思いますが、
何卒よろしくお願いいたします。

歓迎会（かんげいかい）welcome party／欢迎会／tiệc chào mừng
市場調査部（しじょうちょうさぶ）market research department／市场调查部／phòng Nghiên cứu Thị trường
不動産（ふどうさん）real estate／房地产／địa ốc, bất động sản
法人（ほうじん）branch／法人／công ty
こなす to handle／处理、做完／thành thạo

f. 趣味の歌のサークルで自己紹介する。 🇳 　　　　　　　　　　　　　　　　🔊 U1-7

サンジーワ：はじめまして。クマラ・リンジーワと申します。クマラと呼んでください。コロンボ
大学を去年の6月に卒業して、今、日本研究センターという日本語教育機関で集中的
に日本語を学んでいます。私は小さいころから歌うことが好きでした。日本のアニメ
も好きで、アニメの主題歌をよく歌っていました。日本語はまだまだですが、きれい
な発音でいろいろな歌が歌えるように努力していきたいと思います。みなさん、よろ
しくお願いします。

集中的に（しゅうちゅうてきに）intensively／集中／một cách tập trung
主題歌（しゅだいか）theme song／主题歌／bài hát chủ đề

場面2 話しかけてあいさつをする

A やってみよう ━━━━━━━━━━

1. あなたは学会の後、懇親会に参加しました。来場者に簡単な自己紹介をして
少し話してみます。この会話を考えてみなさい。

懇親会(こんしんかい) reception／联欢会／tiệc giao lưu
来場者(らいじょうしゃ) visitor／出席者／khách, người tham gia

2. モデル会話2を聞いて、下の **基本** 部分の下線部をうめなさい。　　　　　　　　　●)) **U1-8**

基本 1-2

ヤン：＿＿＿＿＿＿＿＿＿＿＿＿＿＿。

山田：あ、こんにちは。

ヤン：＿＿＿＿＿スタンフォード大学の＿＿＿＿＿＿＿＿＿＿＿＿＿＿＿＿＿。

山田：あ、そうですか。私は北海道大学の山田と申します。

ヤン：あ、北海道大学の先生＿＿＿＿＿＿＿＿＿＿＿＿＿＿＿。

山田：ええ、あしたのセミナーで話す予定なんです。

ヤン：そうですか、＿＿＿＿＿＿＿＿＿＿＿＿＿＿＿。楽しみにしています。

山田：あ、ぜひいらしてください。

3. 次のページの **基本** 部分を見て、1で自分が考えた表現とどのような点が違うかを確認しなさい。

B 基本部分を確認しよう

で囲んだ **基本** 部分に注意して、スクリプトを見ながらもう一度モデル会話2を聞きなさい。 ·))) U1-8

基本 1-2

ヤン① ：（山田を見て会釈する）あのう、すみません。

山田❶ ：（会釈しながら）あ、こんにちは。

ヤン② ：私、スタンフォード大学のヤンと申します。

山田❷ ：あ、そうですか。私は北海道大学の山田と申します。（名刺を出す）

ヤン③ ：（名刺を見ながら）あ、北海道大学の先生でいらっしゃいますか。

山田❸ ：ええ、あしたのセミナーで話す予定なんです。

ヤン④ ：そうですか、それではぜひうかがいます。楽しみにしています。（会釈する）

山田❹ ：（会釈する）あ、ぜひいらしてください。

会釈する（えしゃくする）to bow／点头致意／cúi chào, gật đầu chào
名刺（めいし）business card／名片／danh thiếp

基本部分の流れと表現

話のきっかけを作ってあいさつするときの **基本** 部分の流れと表現を確認しなさい。

ヤン

① 話しかけ	**F** **N** あのう、すみません
	F **N** **C** （会釈する）
	F **N** **C** （会のようすや食事についての話）
② 名乗り（名刺交換）	**F** （私、）（〜の）〜と申します
	N 〜といいます
③ 相手について尋ねる	**F** **N** 〜でいらっしゃいますか／いらっしゃるんですね
	F 今日はどちらからいらっしゃったんですか
④ 話をきりあげる	**F** それではぜひうかがいます。楽しみにしています
	N あ、ちょっと失礼します

基本部分の重要ポイント

基本 **1-2** の流れを使って、重要ポイントを確認しなさい。 **F**

基本 1-2

話しかけ	ヤン① ：	あのう、すみません。[1]
名乗り（名刺交換）	② ：	私、＿＿（自分の名前）＿＿と申します。[2]
相手について尋ねる	③ ：	＿＿（相手の仕事など）＿＿でいらっしゃいますか。[3]～[5]
話をきりあげる	④ ：	それではぜひうかがいます。楽しみにしています。[6]～[8]

[1] 懇親会ではまず、会釈をして注意をひく。そして、例えば、「初めて参加したのですが、にぎやかですね」のように、研究会のようすを会話を始めるきっかけにする。また、「ビールでよろしいですか」など料理や飲み物の話をすることもある。

[2] 最初に自己紹介をしないときは、大学の場所や研究の内容、仕事の内容などに話題を変え、さりげなく名刺を出すような話の流れに持っていく。懇親会や研究会などでも名刺交換があるので、準備をしておくとよい。

[3] 名刺交換をしたときは、名刺をすぐにしまわないで名前や所属を確認する。

[4] 名刺がなくても「連絡先をお聞きしてもよろしいでしょうか」などの聞き方でメールアドレスを聞くこともある。

[5] 相手が先生の場合、「～さん」ではなく「～先生」と呼びかける。相手が先生かどうかわからないときは「先生でいらっしゃいますか」と確認する。

[6] 目上の相手の情報・発言に対して「いいですね」のように評価を含むコメントをしない。自分にとって新しい情報なら、「そうですか」だけにする。

[7] 話をきりあげるには「ぜひうかがいます。楽しみにしています」や「今度よろしくお願いします」のような話をまとめる表現を使う。また、「あ、ちょっと飲み物を」や「あ、ローストビーフが来ましたよ」など、料理の話題を出して話を終わらせることもある。

[8] 相手が自分を覚えていて話しかけられたが思い出せないときは、直接名前や仕事を聞くのではなく、周辺的な会話をしながら名前や以前聞いた情報を思い出す。それでも思い出せないときは「すみません、お名前は…」の形で聞く。名刺をほしいと言って名前を確認することもできる。（→D 聞いてみよう b）

---

[1] To introduce yourself to someone at a reception or mixer, first nod at them to draw their attention. Then, use a conversation starter to get the ball rolling, such as saying 初めて参加したのですが、にぎやかですね (This is my first time here. It's lively, isn't it?) to comment on the gathering. Another way to break the ice is to offer the person some food or a drink, as in ビールでよろしいですか (Would you like a beer?).

[2] In cases where a conversation with someone new doesn't start with self-introductions, you can steer it toward discussion of topics such as your university's location or your research/job and use this as an opportunity to casually present your business card. Even gatherings such as receptions and study group meetings often include exchanges of business cards, so it's a good idea to get your own business card.

[3] After receiving someone's card, don't put it away immediately—take a moment to inspect their name, affiliation, and other information.

[4] If the person you're speaking with doesn't have a business card, you can ask for their email address by saying something like 連絡先をお聞きしてもよろしいでしょうか (Can I have your contact information?).

[5] Address professors and other instructors with ～先生 instead of ～さん. If unsure whether someone is an instructor, check their status by asking 先生でいらっしゃいますか (Are you an instructor?).

[6] When speaking with a superior, don't respond to their comments or the information they provide with expressions that involve appraisal, such as いいですね (That's nice). If told something you didn't know, just respond with そうですか (I see).

[7] When you want to end a conversation, use an exit line such as ぜひうかがいます。楽しみにしています or 今度よろしくお願いします (I look forward to [researching, working, etc.] with you). Another tactic is to excuse yourself to get a drink or food, as in あ、

ちょっと飲み物を (Um, I'm going to get something to drink) or あ、ローストビーフが来ましたよ (Oh, they're serving roast beef now).

8 If you are approached by someone who knows you but you can't recall who they are, you can avoid directly asking their name or job by talking about related topics to gain clues that will refresh your memory. If this doesn't work, ask for their name with すみません、お名前は… (I'm sorry, but what's your name?). Or, you can also find out their name by asking for their business card. (→D 聞いてみよう b)

---

1 在恳亲会上，先点头致意引起注意。然后，将研究会的情况作为谈话契机，例如 "初めて参加したのですが、にぎやかですね（我是第一次参加，真热闹呀）"。此外还可以谈论菜肴和饮料，例如 "ビールでよろしいですか（您喝啤酒吗？）"。

2 不先做自我介绍的时候，应把话题换为大学的所在地、研究内容和工作内容等，把谈话自然而然地转到递名片。恳亲会和研究会等也会交换名片，因此要提前做好准备。

3 交换名片后，不要立即把名片收起来，应确认名片上的名字和所属单位。

4 即使对方没有名片，也可用 "連絡先をお聞きしてもよろしいでしょうか（能告诉我您的联系方式吗？）"等询问方式来询问电子邮件地址。

5 如果对方是老师，应称其为 "〜先生" 而不是 "〜さん"。如果不确定对方是否是老师，可以通过询问 "先生でいらっしゃいますか（您是老师吗？）"来确认。

6 不要对前辈或级别较高的人所给出信息和发言作出类似 "いいですね（不错呢）"等含有点评意义的评论。如果信息对自己来说较新，只要说 "そうですか（是吗？）"就好。

7 结束谈话时，应使用类似 "ぜひうかがいます。楽しみにしています" 或 "今度よろしくお願いします（下次请多多关照）"等 "总结谈话"的表达方式。此外，也可以通过提及 "あ、ちょっと飲み物を（哎，喝点饮料）"或 "あ、ローストビーフが来ましたよ（哎，烤牛肉来了哦）"等菜肴的话题来结束谈话。

8 如果对方记得你并向你打招呼，但自己却想不起来的时候，不要直接询问名字和工作，而是一边进行相关的对话，一边回忆名字和以前听过的信息。即使这样还是想不起来的时候，可以用 "すみません、お名前は…（不好意思，请问您的名字是……）"的方式询问。还可以告知对方想要名片，以此来确认名字。(→D 聞いてみよう b)

---

1 Trong bữa tiệc giao lưu thân mật, trước tiên cúi chào nhẹ để tạo sự chú ý. Sau đó, nói về tình hình hội thảo nghiên cứu như một cách bắt đầu cuộc nói chuyện, "初めて参加したのですが、にぎやかですね (Lần đầu em tham gia mà thấy sôi nổi thật)". Hoặc cũng có khi nói về món ăn, thức uống như "ビールでよろしいでしょうか (Anh / Chị uống bia không ạ?)" v.v.

2 Khi không tự giới thiệu lúc đầu thì có thể đổi đề tài sang trường đại học, nội dung nghiên cứu, nội dung công việc v.v. và chuyển cuộc nói chuyện sao cho có thể trao đổi danh thiếp một cách tự nhiên. Nên chuẩn bị danh thiếp vì tại tiệc giao lưu thân mật, hội thảo nghiên cứu v.v. sẽ có trao đổi danh thiếp.

3 Khi đã trao đổi danh thiếp thì nên xác nhận tên và cơ quan của đối phương, đừng cất danh thiếp ngay.

4 Nếu không có danh thiếp, cũng có thể hỏi địa chỉ e-mail bằng cách hỏi "連絡先をお聞きしてもよろしいでしょうか (Em xin phép hỏi địa chỉ liên lạc của anh / chị được không?)"

5 Nếu đối phương là giáo viên, thì không dùng "〜さん" mà gọi là "〜先生". Khi không biết đối phương có phải là giáo viên hay không thì xác nhận "先生でいらっしゃいますか (Thầy / cô đây có phải là giáo viên không ạ?)".

6 Không nhận xét kể cả đánh giá như "いいですね (Tốt / Được / Hay nhỉ)" với những thông tin hay phát ngôn của đối phương là người ở vị trí cao hơn mình. Nếu đó là thông tin mới đối với mình thì chỉ nói "そうですか (Vậy ạ?)".

7 Để kết thúc câu chuyện, có thể sử dụng cách diễn đạt "tóm lại câu chuyện" như "ぜひうかがいます。楽しみにしています", hoặc "今度よろしくお願いします (Lần tới nhờ thầy / cô giúp đỡ ạ). Hoặc cũng có thể kết thúc câu chuyện bằng cách đưa ra đề tài về món ăn như "あ、ちょっと飲み物を (À! Em lấy nước uống một chút)" hoặc "あ、ローストビーフが来ましたよ (À, món thịt bò nướng đến rồi kìa)" v.v.

8 Khi đối phương nhớ rõ mình và bắt chuyện mà mình không thể nhớ ra, thì không hỏi trực tiếp tên và công việc của họ mà vừa nói chuyện chung chung vừa nhớ lại tên và thông tin đã nghe từ trước. Khi làm vậy mà vẫn không thể nhớ ra thì hỏi bằng mẫu câu "すみません、お名前は…(Xin lỗi, tên anh / chị là ...)". Cũng có thể nói mình muốn nhận danh thiếp và xác nhận tên của đối phương. (→D 聞いてみよう b)

C 練習しよう

1. モデル会話2を聞いて、ヤンのパートがすらすら言えるように練習しなさい。

2. **基本1-2** を使って話しかけてあいさつをしなさい。④**話をきりあげる**は言わなくてもよい。

	場所	相手	
(1)	大学の研究室	大学院生の先輩 せんぱい	F
(2)	新入生歓迎会	先生	F
(3)	アパートの通路	隣に引っ越してきた人 となり ひ こ	N
(4)	趣味のサークル	初めて会った人	N
(5)	新入生歓迎会	友だち	C

D 聞いてみよう

基本1-2 を使ったいろいろなバリエーションを聞いてみましょう。

a. **パーティーで久しぶりに先生に会う。** F　　　　　　　　　　　　　　　　　　　●)) U1-9
　　ひさ

李　：先生、ご無沙汰しております。2015年に卒業した李です。
　　　　ぶ さ た　　　　　　　　　　　　　　　　　　り

田中：あー、李さん、久しぶりですねー。

李　：お久しぶりです。先生、お元気そうで何よりです。

田中：いやー、元気なんですけどね、さすがに年を取りましたよ。

李　：いえいえ……。

田中：で、李さん、今は何をしてるんですか。

李　：今はアメリカの大学で教えているんです。

田中：あっ、そうですか。それはそれは。

25

b. 以前会ったが思い出せず、手がかりを探(さが)す。 F N　　U1-10

加藤　：あ、ロッシさんですよね、お久しぶりです。

ロッシ：（だれだか思い出せない）あ、はい……。

加藤　：また日本に来ていらっしゃるんですね。

ロッシ：あ、はい、そうなんですよ。あのう……、たしか、以前……。（自信(じしん)のないようすで）

加藤　：あ、そう、去年の学会の後で、田中先生もいっしょに居酒屋(いざかや)で。

ロッシ：あ、はい、そうでしたね。

加藤　：ええ、二次会(にじかい)まで行きましたよね。

ロッシ：あ、はい、そうでしたね、そうでした。大学で教えていらっしゃる……。

加藤　：あ、そうです、そうです、英語を教えています。

ロッシ：あ、はい、そうですよね。あのう、以前いただいたかもしれませんが、お名刺をもう一度いただけませんでしょうか……。

加藤　：あ、はい、いいですよ。（名刺を渡(わた)す）

ロッシ：ありがとうございます。（名前を知る）

c. 初めて会った人に名前をわかりやすく伝える。 N　　U1-11

ケイン：あ、どうもはじめまして、ケインと申します。（名刺を渡す）

鈴木　：（名刺を見て）あ、ケール・ケインさん。

ケイン：あ、いえいえ、カールです。シー、エー、アール、エルで、カールと読みます。

鈴木　：あ、カールさんですね、失礼(しつれい)しました。

ケイン：いえいえ。

d. 大学時代の同級生に、現在の仕事について説明する。 C　　U1-12

グプタ：久しぶりだねー。今何やってんの？

高橋　：中国でMR。

グプタ：MRって？

高橋　：まあ、簡単(かんたん)に言うと、医者に薬の説明して、使ってもらうんだよ。

グプタ：へー。すごいねー。

高橋　：すごくないよ。とにかく毎日勉強しなくちゃならないし、変わった医者もいるし、大変だよ。

所属を表す語彙

● **大学名**

- 学士課程 bachelor's course／学士课程／chương trình cử nhân
  ① 〇〇大学××学部□□学科
     例：ワシントン大学教養学部歴史学科
  ② 〇〇大学△△校××学部□□学科
     例：ハワイ大学マノア校建築学部環境デザイン学科
- 大学院 graduate school／研究生院／cao học
  ① 〇〇大学大学院××研究科
     例：コロンビア大学大学院東アジア言語文化研究科
  ② 〇〇大学△△校大学院××研究科
     例：カリフォルニア大学バークレー校大学院歴史学研究科

● **課程名**

- 修士課程（博士前期課程） master's program (master's program)／硕士课程（博士前期课程）／chương trình thạc sĩ
- （修士課程）修了見込み expected completion of (master's program)／（硕士课程）即将结业／dự kiến hoàn thành (chương trình thạc sĩ)
- （修士課程）修了 completed (master's course)／（硕士课程）结业／tốt nghiệp, hoàn thành (chương trình thạc sĩ)
- 博士課程（博士後期課程） doctoral course (doctoral course)／博士课程（博士后期课程）／chương trình tiến sĩ
- 博士号取得 Ph.D.／获得博士学位／sự lấy bằng tiến sĩ
- 単位取得 acquisition of credits／获得学分／lấy tín chỉ

● **卒業・修了**

- 卒業する to graduate／毕业／tốt nghiệp：大学までの学校を卒業する時に使う
  例：中学校／高校／大学を卒業する
- 修了する to complete／结业／hoàn thành：大学院以上の学校を卒業する時に使う
  例：大学院／修士課程／博士課程を修了する

● **略称**

- 修士課程1年生＝M1 ・ 博士課程2年生＝D2
     エムいち   ディーに
- 卒業論文＝卒論 ・ 修士論文＝修論 ・ 博士論文＝博論
  ろんぶん そつろん   しゅうろん   はくろん

まとめの練習

1 下線部をうめて、会話を完成させなさい。

(1) **ゼミで自己紹介をする。** **F**

はじめまして。

_____大学大学院のヤン_____。

専門は、_____です。

_____。

(2) **パーティーで知らない人と話す。** **F**

スミス：あ、_____。

吉川　：あ、どうも。

スミス：講演会、すごい人でしたね。

吉川　：そうですね。込んでいましたね。

スミス：山田先生、人気がありますからね。

吉川　：そうですね。

スミス：あ、はじめまして、私、_____。

吉川　：あ、吉川と申します。

スミス：_____。

2 （1）（2）は自己紹介の練習を、（3）〜（5）はペアを作って会話の練習をしなさい。

（1）【自己紹介】

日本の大学のゼミで聴講することになりました。ゼミの人たちの前で自己紹介をしなさい。 **F**
　　　　　　　　　ちょうこう

（2）【自己紹介】

奨学金をくれた団体にあいさつに行くことになりました。団体の人たちの前で自己紹介をしなさい。 **F**
しょうがくきん　　　　だんたい

（3）【あいさつ】

日本人の友人のご家族に会いました。あいさつをしなさい。 **F** **N**

A：学生

B：友人の家族

（4）【自己紹介】

学会の懇親会の会場に基調講演の講演者がいました。講演者に話しかけてあいさつをしなさい。 **F**
　　　こんしんかい　　　き ちょう

A：学生

B：講演者

（5）【あいさつ】

研究会で、昔の大学院の同級生に会いました。近況報告をしながらあいさつをしなさい。 **C**
　　　　　むかし　　　　　　　　　きんきょうほうこく

A：学生

B：昔の大学院の同級生

近況報告（きんきょうほうこく）recent report／近况报告／báo cáo tình hình gần đây

✉ メールを書いてみよう

研究会で知り合った教授にあいさつする。

件名： （ごあいさつ）近代日本史研究会のスミスです [1]

吉田宏先生 [2]　　　　　　　　　　　　　　　　　　　　◀ あて先

近代日本史研究会でお目にかかったスミスです。 [3]　　　◀ 名乗り

本日は、吉田先生のお話を聞かせていただき、大変勉強になりました。
特にアメリカの日系人からみた第二次世界大戦のお話は興味深く、 [4]
機会がありましたら、ぜひまたお話をうかがわせていただければと思　　◀ あいさつ
います。 [5]　　　　　　　　　　　　　　　　　　　　　　　（感想・期待）

今後ともよろしくお願いいたします。 [6]　　　　　　　　◀ 結び

スタンフォード大学大学院東アジア研究科　博士課程

デイビッド・スミス [7]　　　　　　　　　　　　　　　◀ 差出人

メールの重要ポイント

[1] 件名はわかりやすく簡潔に示す。文（「スミスです」のような形）はできれば避ける。しかし、やむを得ず使う場合は「（ごあいさつ）」のように（　　）の中に用件を入れて示すことがある。

[2] あて先に「へ」は付けない。× 吉田宏先生へ

[3] 自分の名前を名乗るときは、相手との接点の説明を加える形にする。
　　○「（私は）研究会でお目にかかった（〜の）スミスです」
　　×「私はスミスです」「スミスです」

[4] あいさつとして、前に会ったときの「感想」や今後の「期待」について書く場合がある。

[5] 「期待」の表現として「機会がありましたら〜と思います」がよく使われる。これは、次回の面会を申し込んでいるわけではない。

[6] 結びのあいさつとして「今後もご指導、ご鞭撻のほどお願いいたします」などもある。

[7] 自分の名前には「より」を付けない。× デイビッド・スミスより

---

[1] Subject lines should be clear and concise. If possible, avoid using sentences (e.g., スミスです). In cases where sentences have to be used, the purpose of the email is sometimes added in parentheses, as in （ごあいさつ）.

[2] Don't add へ to the name of the recipient. × 吉田宏先生へ

[3] When writing to someone for the first time, not only state your name but also explain how you are connected to them.
　　○「（私は）研究会でお目にかかった（〜の）スミスです」
　　×「私はスミスです」「スミスです」

[4] As one form of greeting, some email writers mention their impression of the last time they met the recipient or their expectations for something in the future.

[5] One commonly used expression of expectation is 機会がありましたら (If I get the opportunity) 〜と思います. Note that this isn't necessarily a firm invite to meet again.

[6] Expressions like 今後もご指導、ご鞭撻のほどお願いいたします (Please continue providing me with guidance and encouragement) are sometimes used to close emails.

[7] Don't add より to your name. × デイビッド・スミスより

1. 主題応简洁明了。尽可能避免使用句子（类似 "**スミスです**" 的形式）。但是，在不可避免的情况下，可使用 "（ごあいさつ）" 等将事由放入括号内的方式来表达。

2. 不要在收件人后加 "**へ**"。× 吉田宏先生へ

3. 报自己名字的时候，应追加说明自己与对方的关联。
   ○「（私は）研究会でお目にかかった（〜の）スミスです」
   ×「私はスミスです」「スミスです」

4. 作为问候，可以写上次见面时的 "感想" 或对今后的 "期待"。

5. 表达 "**期待**" 时，经常会使用 "**機会がありましたら**（如果有机会的话）**〜と思います**"。这并不是在要求下次见面。

6. 作为结尾的问候语还有 "**今後もご指導、ご鞭撻のほどお願いいたします**（今后也请您给予指导和建议）" 等。

7. 自己的名字后不加 "**より**"。× デイビッド・スミスより

---

1. Trình bày tiêu đề dễ hiểu, ngắn gọn. Nếu được, nên tránh dùng câu văn (như kiểu "**スミスです**"). Nhưng trường hợp bất khả kháng thì có thể trình bày nội dung trao đổi trong dấu ( ) như "（ごあいさつ）"

2. Không thêm "**へ**" vào nơi nhận. × 吉田宏先生へ

3. Khi xưng tên của mình, nên dùng hình thức bổ sung giải thích tiếp điểm với đối phương.
   ○「（私は）研究会でお目にかかった（〜の）スミスです」
   ×「私はスミスです」「スミスです」

4. Có trường hợp viết về "cảm tưởng" khi từng gặp nhau trước đó, hoặc "sự kỳ vọng" trong tương lai như một lời chào.

5. "**機会がありましたら** (Nếu có cơ hội) **〜と思います**" thường được dùng như một cách diễn đạt "sự kỳ vọng". Đây không phải là cách diễn đạt mong muốn gặp nhau vào lần tới.

6. Cũng có những lời chào kết thúc như "**今後もご指導、ご鞭撻のほどお願いいたします** (Trong tương lai em rất mong nhận được sự chỉ bảo, động viên của thầy / cô)" v.v.

7. Không thêm "**より**" vào tên của mình. × デイビッド・スミスより

✍️ 書いてみよう

1. 先月、研究会で発表をしました。そのとき、同じようなテーマで発表をした研究者と知り合いました。その人にあいさつのメールを書きなさい。

2. 日本でホームステイをします。ホストファミリーにあいさつのメールを書きなさい。

3. 会社の出張で「産業ロボットEXPO」という見本市に行きました。そこで知り合ったＡ商事営業部の佐藤さんにあいさつのメールを書きなさい。

見本市（みほんいち）sample fair／交易会／hội chợ hàng mẫu
商事（しょうじ）corporation／商事／công việc kinh doanh

ロングさんの会話の進め方には問題があります。問題点を考えなさい。

1

木村　：あ、ロングさんじゃない？ クラーク先生の学生さんの。

ロング：（だれだか思い出せない） あ、はい……。

木村　：そうだよね、どこかで見たことある人だなと思って。

ロング：はい……。

木村　：クラーク先生、お元気？

ロング：あ、はい、元気です。あのう、すみません、お名前は何ですか？

木村　：私？ 木村です。横浜大学の木村です。

ロング：あ、木村さん、仕事は何ですか。

木村　：あ、教えています。日本の大学生に英語を教えています。

ロング：あ、そうですか。いいですね。

ユニット **2**

お伝えいただけませんか

伝言を頼む／受ける／伝える
たの

ユニットの目標

◎ 学校・仕事先に欠席や遅刻の連絡をすることができる。
けっせき ちこく

I can notify my school or workplace that I will be absent or late.／能够向学校或工作单位告知缺勤或迟到。／Có thể liên lạc với trường học, nơi làm việc về việc vắng mặt hoặc đi trễ.

◎ 電話で簡単な伝言を頼むことができる。また、伝言を受け、それを伝えることができる。
かんたん たの

I can ask someone to take a simple message over the phone. Also, I can take a message from someone and pass it on to the recipient.／能够用电话让对方托带简单的口信。以及，能够接收并托带来自对方的口信。／Có thể nhờ nhắn lại thông tin đơn giản bằng điện thoại. Hoặc có thể tiếp nhận và truyền đạt lại nội dung tin nhắn.

場面 1 欠席や遅刻を連絡する
ばめん けっせき ちこく

A やってみよう

1. あなたは日本研究センターの学生です。きのうから熱があるので、授業を
   ねつ
   休みたいと思っています。朝、センターに電話をかけて、事務局の人に休
   じむきょく
   むことを連絡します。どのように連絡したらいいか考えてみなさい。

   事務局（じむきょく）secretariat; office／事务局／ban thư ký, văn phòng

2. モデル会話1を聞いて、下の **基本** 部分の下線部をうめなさい。
   きほん ぶぶん かせんぶ

·)) **U2-1**

基本 2-1

アタル：あのう、＿＿＿＿＿＿＿＿＿＿＿＿＿＿＿＿＿＿＿＿＿……。

田中 ：あ、そうなんですか。

アタル：ええ、＿＿＿＿＿＿＿＿＿＿＿＿＿＿＿＿＿＿＿と思いまして。

田中 ：わかりました。熱があってお休み＿＿＿＿＿＿＿＿＿＿＿。
　　　　　　　　　ねつ

アタル：はい、佐藤先生に＿＿＿＿＿＿＿＿＿＿＿＿＿＿＿＿＿。
　　　　　　さとう

田中 ：はい、わかりました。お伝えします。

アタル：＿＿＿＿＿＿＿＿＿＿＿＿＿＿＿。

3. 次のページの **基本** 部分を見て、1で自分が考えた表現とどのような点が違うかを確認しなさい。
   つぎ ひょうげん ちが かくにん

B 基本部分を確認しよう

で囲んだ **基本** 部分に注意して、スクリプトを見ながらもう一度モデル会話1を聞きなさい。　•ᵗ⧵) **U2-1**

田中①	：日本研究センターでございます。
アタル❶	：おはようございます。学生のアタルです。
田中②	：あ、アタルさん、おはようございます。
アタル❷	：あのう、実はきのうから熱がありまして……。 　　　　　基本 2-1
田中③	：あ、そうなんですか。
アタル❸	：ええ、それで、今日は授業を休ませていただきたいと思いまして。
田中④	：わかりました。熱があってお休みということですね。
アタル❹	：はい、佐藤先生にそのようにお伝えいただけませんか。
田中⑤	：はい、わかりました。お伝えします。
アタル❺	：よろしくお願いします。
田中⑥	：どうぞお大事に。
アタル❻	：ありがとうございます。では失礼します。
田中⑦	：失礼します。

基本部分の流れと表現

欠席・遅刻の連絡をするときの **基本** 部分の流れと表現を確認しなさい。

アタル（電話をする人）

❷	状況の説明	**F** **N** あのう、実は〜て……／んです
		C 〜て／で…
❸	伝えたい内容：希望・事実	**F** （それで）〜（さ）せていただきたいと思いまして
		N （それで）〜したいと思いまして
		C （で）〜しようと思って
❹	伝言の依頼	**F** （申し訳ありませんが）、〜に（…と／そのように）お伝えいただけませんか／くださいませんか
		N （すみませんが）、〜に（…と／そう）伝えてもらえませんか
		C （悪いんだけど）、〜に（…と／そう）伝えてもらえる↗
❺	確認	**F** **N** （それでは）よろしくお願いいたします
		C じゃ、よろしく／お願いね

34

基本部分の重要ポイント

基本 2-1 の流れを使って、重要ポイントを確認しなさい。**F**

状況の説明	アタル❷	：あのう、実は〜て……／んです。[1](a)
	田中③	：あ、そうなんですか。
伝えたい内容	アタル❸	：ええ、それで [1](b)、　(欠席すること、遅刻しそうなことなど)　させていただきたいと思いまして。[2]
	田中④	：わかりました。　(伝えられた内容)　ということですね。[3]
伝言の依頼	アタル❹	：はい、（それで、）（申し訳ありませんが）　(伝言の相手)　にそのように [4] お伝えいただけませんか。[5]
	田中⑤	：はい、わかりました。お伝えします。
確認	アタル❺	：よろしくお願いします。[6]

[1] 状況を説明する部分と相手に伝えたいことを示す部分は、(a) (b)のように文を分ける。

  (a) 状況の説明は「**実は**」で始める。これは、相手が知らない情報を話し始めるときに使う。文末は、「〜て…」や「〜んです」とする。ただし、フォーマルなメールや書き言葉では「〜で…」「〜ので…」で文を終わらせない。

  (b) 伝えたいことを示す部分は、「**それで**」で始める。

欠席するのが当然だと考えられる理由の場合は、2文に分けず、理由とお願いを「ので」を使って1文で表現することもある。

    例：あの、実はせきがひどい<u>ので</u>、今日の授業を休ませていただきたいと思います。

[2] 欠席の場合は、「お休みさせていただきます」も使う。「お休みさせていただきたいんですが…」のような形にするのもよい。

[3] 「〜ということですね」は、相手の話をまとめて、それを確認する表現。

[4] 「そのように」は、その前に説明した事柄を表す。「〜と」は、伝言内容を具体的に示すときに使う。

[5] 「お伝えいただきませんか」は間違い。

[6] 伝言の依頼の後は、「ありがとうございます」ではなく「よろしくお願いします」を使う。

---

[1] Divide your notification into two sentences: (a) the explanation of your situation and (b) the point you wish to communicate.

  (a) Begin the explanation of your situation with 実は, an expression used to introduce new information to the listener. End the explanation with a pattern such as 〜で… or んです. The use of elliptical expressions like 〜で… or 〜ので… to end a sentence is not done in formal written communications (including formal emails).

  (b) Use それで to lead into the point of your notification.

If the situation is one that naturally requires the speaker to be absent, the two sentences can be combined into one, using ので to connect the reason and the request to be absent.

    例：あの、実はせきがひどい<u>ので</u>、今日の授業を休ませていただきたいと思います。

[2] Another way to state that you will be absent is お休みさせていただきます (I will take the day off). This can also be rendered as お休みさせていただきたいんですが… (I would like to take the day off).

[3] 〜ということですね is used by the message taker to restate the message for confirmation.

[4] そのように refers to the caller's message in general. 〜と is used to restate the content of the message.

[5] お伝えいただきませんか is considered incorrect usage.

① 说明情况的部分和表示希望向对方传达的部分，分为如下（a）和（b）的句子。
   （a）说明情况时，以 **"实は"** 开头。这被用于开始提及对方不知道的信息的时候。句末使用「～て…」或「んです」。但是，正式邮件和书面语言不在句末使用 "～で…"、"～ので…"。
   （b）表示希望传达的部分，以 **"それで"** 开头。
   如果缺勤理由合理，也可以使用 "ので" 连接理由和请求，用一句话表达，而不必分成两句。
     例：あの、実はせきがひどい<u>ので</u>、今日の授業を休ませていただきたいと思います。
② 缺勤时，也会使用 "お休みさせていただきます（请允许我请假）"。也可以使用类似 "お休みさせていただきたいんですが…（我想请假……）" 的形式。
③ "～ということですね" 被用于总结对方所说的话并加以确认。
④ "そのように" 指的是前面说明的事项。"～と" 在具体表达口信内容时使用。
⑤ "お伝えいただきませんか" 是错误用法。
⑥ 在委托口信后，不要用 "ありがとうございます（谢谢）"，而是使用 "よろしくお願いします（拜托了）"。

① Phần giải thích tình hình và phần thể hiện điều muốn truyền đạt cho đối phương được chia thành câu như (a) và (b).
   (a) Giải thích tình hình bắt đầu bằng "実は". Sử dụng khi bắt đầu nói về thông tin mà đối phương không biết. Cuối câu sử dụng "～て…" hoặc "んです". Tuy nhiên, trong email trang trọng hoặc văn viết thì không kết thúc câu bằng "～で…" hay "ので…".
   (b) Phần thể hiện điều muốn truyền đạt thì bắt đầu bằng "それで".
   Nếu lý do vắng mặt có thể cho là đương nhiên thì cũng có khi không chia thành 2 câu mà diễn đạt lý do và nguyện vọng bằng 1 câu, sử dụng "ので".
     例：あの、実はせきがひどい<u>ので</u>、今日の授業を休ませていただきたいと思います。
② Trường hợp vắng mặt cũng có thể sử dụng "お休みさせていただきます (Xin cho em được nghỉ)". Mẫu câu như "お休みさせていただきたいんですが… (Em muốn được cho nghỉ nhưng ...)" cũng tốt.
③ "～ということですね" được dùng để tóm tắt lại câu chuyện của đối phương và xác nhận điều đó.
④ "そのように" chỉ sự việc đã giải thích trước đó. "～と" được dùng khi trình bày cụ thể nội dung tin nhắn.
⑤ "お伝えいただきませんか" là câu sai.
⑥ Sau khi nhờ nhắn lại cho ai đó, dùng "よろしくお願いします (Xin anh / chị giúp giùm)" chứ không phải "ありがとうございます (Cảm ơn anh / chị)".

基本の表現とていねい度

F フォーマル	**N** ニュートラル	**C** カジュアル
お伝えいただけないかと思いまして		
お伝えいただけないでしょうか ↘		
お伝えいただけますでしょうか ↘		
お伝えいただけませんか	伝えてもらえませんか	伝えてもらえない ↗
お伝えいただけますか	伝えてもらえますか	伝えてもらえる ↗
お伝えくださいませんか	伝えてくれませんか	伝えてくれない ↗
お伝えくださいますか	伝えてくれますか	伝えてくれる ↗
お伝えください	伝えてください	伝えて ↗

C 練習しよう

1. モデル会話1を聞いて、アタルのパートがすらすら言えるように練習しなさい。

2. **基本 2-1** を使って、欠席・遅刻の連絡をしなさい。

	連絡する相手	状況の説明	伝えたい内容	伝言の相手	
(1)	事務局の人	風邪をひいた。	欠席する	先生	**F**
(2)	事務局の人	体の調子が悪い。	欠席する	先生	**F**
(3)	事務局の人	面接が長引いた。	遅刻する	先生	**F**
(4)	会社の同僚	せきがひどい。	欠席する	課長	**N**
(5)	会社の同僚	寝過ごした。	遅刻する	課長	**N**
(6)	友だち	頭が痛い。	欠席する	先生	**C**
(7)	友だち	電車に乗り遅れた。	遅刻する	先生	**C**

寝過ごす(ねすごす) to oversleep／睡过头／ngủ quên　　同僚(どうりょう) colleague／同事／đồng nghiệp

D 聞いてみよう

基本 2-1 を使ったいろいろなバリエーションを聞いてみましょう。

a. 学校の事務局に欠席を伝える。 **F**))) U2-2

田中　：もしもし。

アタル：あ、おはようございます。アタルです。

田中　：あ、アタルさん、おはようございます。どうしました？

アタル：あの、実はインフルエンザにかかったようで……。

田中　：あ、そうなんですか。

アタル：ええ、それで、今日はセンターをお休みさせていただきたいと思うんです。

田中　：わかりました。インフルエンザでお休みですね。

アタル：はい、すみませんが、よろしくお願いします。

田中　：はい、お大事に。

アタル：ありがとうございます。それでは失礼します。

インフルエンザにかかる to get the flu／感染流感／bị cúm

b. 学校の事務局に状況を説明して先生への遅刻の伝言を頼む。 **F**))) U2-3

田中　：日本研究センターでございます。

アタル：あの、学生のアタルです。

田中　：あ、アタルさん。おはようございます。

アタル：おはようございます。あのう、実は、今、横浜駅なんですけど、事故で電車が止まっているんです。

田中　：ああ、そうですか。

アタル：それで、申し訳ありませんが、佐藤先生に１時間ほど遅れそうだとお伝えいただけませんか。

田中　：はい、わかりました。お伝えします。
アタル：よろしくお願いします。

c. 直接先生に連絡して欠席を伝える。 F　U2-4

先生　：もしもし。
グエン：あ、清水(しみず)先生、おはようございます。グエンです。
先生　：あ、グエンさん、おはようございます。どうしました？
グエン：あの、実はきのうから熱がありまして……。
先生　：あ、そうなんですか。
グエン：ええ、それで、今日はセンターをお休みさせていただきたいと思います。
先生　：わかりました。今日はお休みですね。
グエン：はい、どうもすみません。お手数(てすう)をおかけしますが、もし宿題がありましたら、メールで送っていただけないでしょうか。
先生　：はい、わかりました。
グエン：よろしくお願いいたします。
先生　：はい、お大事に。
グエン：ありがとうございます。それでは失礼します。

手数をかける（てすうをかける） to burden／添麻烦／làm phiền, làm mất thời gian của ai đó

d. 会社の同僚に欠勤(けっきん)の連絡をする。 N　U2-5

山本：山川電器(やまかわでんき)です。
川崎：あ、おはようございます。川崎(かわさき)ですけど。
山本：あ、川崎さん。山本(やまもと)です。おはようございます。
川崎：実は、今朝、熱が九度五分(くどごぶ)もありまして、インフルエンザにかかったんじゃないかと思うんです。
山本：えっ、大丈夫(だいじょうぶ)ですか。
川崎：ええ、まあなんとか。で、すみませんが、今日はお休みしようと思うんです。
山本：わかりました。インフルエンザなら、今週はずっとお休みですね。
川崎：今日、医者に行くので、それではっきりするとは思いますが、そうかもしれませんね。あした以降についてはまた改(あらた)めて課長(かちょう)にお話ししようと思いますが、とりあえず課長にそう伝えてもらえますか。
山本：わかりました。大変ですね。お大事に。
川崎：ありがとうございます。それじゃ失礼します。

欠勤する（けっきんする） to be absent from work／缺勤／vắng mặt, nghỉ làm
九度五分（くどごぶ） 39.5℃／九度五分／39,5 độ C (giản lược số 3)
改めて（あらためて） again; later／重新／lại
課長（かちょう） chief／课长／trưởng ban

場面2 電話で簡単な伝言を頼む／受ける・伝言を伝える

A やってみよう

1. あなたはある会社の外為課の井上さんと話がしたくて電話をします。しかし、井上さんはいませんでした。自分に電話をしてほしいと伝言をどのように頼めばいいか、考えてみなさい。会社の人はどのように言うかも考えなさい。また、会社の人は、井上さんにどのように伝言を伝えるか、考えなさい。

> 外為課（がいためか）
> ＝外国為替課（がいこくかわせか）foreign exchange section／外汇课／ban Ngoại hối

2. モデル会話2を聞いて、下の **基本** 部分の下線部をうめなさい。　　　　　　●)) **U2-6**

基本 2-2 (a)

阿部　：はい、外為課でございます。

グエン：私、日本研究センターのグエンと申しますが。

阿部　：＿＿＿＿＿＿＿＿＿＿＿＿＿＿＿＿＿＿。

グエン：＿＿＿＿＿＿＿＿＿＿＿＿＿＿＿。あのう、井上さんをお願いいたします。

阿部　：あ、あの、井上は＿＿＿＿＿＿＿＿＿＿＿＿＿＿＿＿。

グエン：あ、そうですか。では、お戻りになりましたら、

　　　　グエンまでお電話＿＿＿＿＿＿＿＿＿＿＿＿＿＿＿＿＿＿＿＿＿＿＿＿。

阿部　：わかりました。申し伝えます。

グエン：よろしくお願いいたします。

基本 2-2 (b)

阿部　：先ほど日本研究センターのグエンさん＿＿＿＿＿＿＿＿＿＿＿＿＿＿＿＿、

　　　　戻ったら電話をしてほしい＿＿＿＿＿＿＿＿＿＿＿＿＿＿＿＿＿＿＿＿＿。

井上　：あ、そうですか。ありがとうございます。すぐかけます。

3. 次のページの **基本** 部分を見て、1で自分が考えた表現とどのような点が違うかを確認しなさい。

B 基本部分を確認しよう

で囲んだ **基本** 部分に注意して、スクリプトを見ながらもう一度モデル会話2を聞きなさい。 ·))) **U2-6**

阿部①　　　：はい、外為課でございます。　　　　　　　　　　　　　　　　　**基本 2-2 (a)**

グエン❶　：私、日本研究センターのグエンと申しますが。

阿部②　　　：いつもお世話になっております。

グエン❷　：こちらこそお世話になっております。 あのう、井上さんをお願いいたします。

阿部③　　　：あ、あの、井上はただいま席をはずしておりますが。

グエン❸　：あ、そうですか。 では、お戻りになりましたら、 グエンまでお電話くださるよ
　　　　　　　う、 お伝えいただけませんか。

阿部④　　　：わかりました。 申し伝えます。

グエン❹　：よろしくお願いいたします。

阿部⑤　　　：私、 阿部が承りました。 失礼いたします。
　　　　　　　　あ　べ　うけたまわ　　　　　　しつれい

グエン❺　：失礼します。

　　　　　　　　　　　　　　電話を切ったあと、井上が帰って来る

阿部⑥　　　：あ、井上さん。

井上❶　　：はい。

阿部⑦　　　：先ほど日本研究センターのグエンさんという方から電話があって、　　**基本 2-2 (b)**
　　　　　　　戻ったら電話をしてほしいとのことです。

井上❷　　：あ、そうですか。 ありがとうございます。 すぐかけます。

席をはずす（せきをはずず）not to be at one's desk／离开座位／vắng mặt tạm thời, không có mặt ở chỗ ngồi
承る（うけたまわる）to take (a message)／恭听／tiếp nhận

基本部分の流れと表現

電話で簡単な伝言を頼む／受ける・伝言を伝えるときの **基本** の流れと表現を確認しなさい。
　　　　かんたん　　でんごん　たの

(a) | グエン（電話する人）　　　| 阿部（電話に出る人）

❶ **名乗る**

　　　　　　　　　　　　　　　　　　　　　　F 私、 ～の～と申しますが
　　　　　　　　　　　　　　　　　　　　　　　　わたくし
　　　　　　　　　　　　　　　　　　　　　　N 私、 ～の～といいますが
　　　　　　　　　　　　　　　　　　　　　　C ～だけど

| ② あいさつ | **F** いつもお世話になっております |
| | **N** お世話になっています |

| ② あいさつ | **F** （こちらこそ）お世話になっております |
| | **N** こちらこそ |

② 呼び出しの依頼	**F** ～さん（、／を）お願いいたします
よ だ いらい	**N** ～さん（、／を）お願いします
	F ～さん、いらっしゃいますでしょうか ↘
	C ～さん、いる ↗

③ 不在であること	**F** 席をはずしております（が）
ふざい を伝える	**F** **N** 会議中です
	かい ぎ ちゅう
	F お休みをいただいています
	F **N** 別の電話に出ています
	べつ
	C いないよ

③ 伝言の依頼	**F** では、…（するよう／と）お伝えいただけませんか
	N では、…（するよう／と）伝えてもらえませんか
	C じゃ、…（って）伝えてもらえる ↗

④ 伝言を受ける	**F** わかりました。申し伝えます
	N わかりました。伝えておきます
	C うん、わかった。伝えとく

④ 確認	**F** （それでは）よろしくお願いいたします
	N （それじゃあ）よろしくお願いします
	C じゃ、よろしく／お願いね

(b) 　[井上（伝言を受ける人）]　　[阿部（伝言を伝える人）]

⑦ 伝言を伝える	**F** **N** ～さん（という方）から電話があって、
	～とのことです
	C ～さんから電話で、～んだって

| ② お礼 | **F** **N** わかりました。ありがとうございます |
| れい | **C** わかった。ありがとう |

基本部分の重要ポイント

基本2-2 の流れを使って、重要ポイントを確認しなさい。 **F**

基本 2-2 (a)

	阿部① ： はい、_____（会社・部署の名前）_____ でございます。
名乗る	グエン❶：私、_____（自分の名前）_____。
あいさつ	阿部② ： _____（あいさつ）_____。[1]
あいさつ	グエン❷：_____（あいさつ）_____。[1]
呼び出しの依頼	あのう、～さんをお願いいたします。
不在であることを伝える	阿部③ ： あ、あの、～は _____（不在の状況）_____ が。
伝言の依頼	グエン❸：あ、そうですか。
	では、_____（伝言の内容）_____、お伝えいただけませんか。[2]
伝言を受ける	阿部④ ： わかりました。申し伝えます。[3]
確認	グエン❹：よろしくお願いいたします。

基本 2-2 (b)

伝言を伝える	阿部⑦ ： 先ほど _____（電話をかけてきた人）_____ という方から
	電話があって、_____（伝言の内容）_____ とのことです。[4]
お礼	井上❷：あ、そうですか。ありがとうございます。すぐかけます。

---

[1] 会社などに電話して自分の名前を伝えると、「いつもお世話になっております」とあいさつされる。それに対して、初めて話す場合でも「こちらこそお世話になっております」と答える。

[2] 「～してくださるよう、お伝えいただけませんか」、「～してほしいと、（このように）お伝えいただけませんか」は、何かしてほしいと伝えるときに使う。

[3] 「**申し伝えます**」は「伝えます」の改まった形で、外部の人と話すときに使う。

[4] 伝言を伝える人は、「**～とのことです**」「**～ということです**」などを使う。

---

[1] When calling a company or other organization, you will be greeted with いつもお世話になっております (Thank you for your constant support) after you identify yourself. Respond by saying こちらこそお世話になっております (It is I who should thank you), even if you are speaking with them for the first time.

[2] ～してくださるよう、お伝えいただけませんか and ～してほしいと、（このように）お伝えいただけませんか are used to ask the listener to convey a message.

[3] 申し伝えます is a more formal version of 伝えます used when speaking with someone outside your in-group.

[4] Expressions such as ～とのことです or ～ということです are used by the message taker to convey the message to the recipient.

1 给公司等打电话并告知自己名字后，对方会说 "いつもお世話になっております（一直以来承蒙您关照）"。对此，即使是第一次对话，也要回答 "こちらこそお世話になっております（哪里哪里，我才承蒙您关照了）"。

2 向对方传达希望对方做什么的时候，使用 "～してくださるよう、お伝えいただけませんか"、"～してほしいと、（このように）お伝えいただけませんか"。

3 "申し伝えます" 是比 "伝えます" 更正式的表达方式，用于和外部的人说话时。

4 托带口信的人使用 "～とのことです"、"～ということです" 等。

1 Khi gọi điện đến công ty v.v. và nói tên của mình, bạn sẽ được chào bằng câu "いつもお世話になっております (Công ty chúng tôi luôn được anh / chị giúp đỡ)". Để đáp lại, bạn có thể trả lời "こちらこそお世話になっております (Tôi mới là người được giúp đỡ ạ)" ngay cả trong trường hợp lần đầu nói chuyện.

2 "～してくださるよう、お伝えいただけませんか", "～してほしいと、（このように）お伝えいただけませんか" được dùng khi truyền đạt rằng muốn ai đó làm điều gì đó.

3 "申し伝えます" là hình thức trang trọng của "伝えます", sử dụng khi nói chuyện với người ngoài.

4 Người truyền đạt tin nhắn sẽ dùng "～とのことです", "～ということです" v.v.

C 練習しよう

1. モデル会話2を聞いて、グエンのパートがすらすら言えるように練習しなさい。

2. **基本2-2 (a)** を使って、伝言を受ける・頼む練習をしなさい。下の関連表現の1)～4)、a)～d) を自由に組み合わせて練習しなさい。

関連表現

伝言を受ける人（不在の状況）

1) 席を外しております。

2) 会議中です。

3) 今日はお休みをいただいています。

4) ○○はただいま、別の電話に出ております。

伝言を頼む人（伝言の内容）

a) （お戻りになりましたら）折り返しお電話いただきたいとお伝えいただけませんか。

b) 電話があったことだけお伝えいただけませんか。

c) 後ほどこちらから改めてかけ直すとお伝えいただけませんか。

d) メールでお知らせした件について、早急にお返事いただきたいとお伝えいただけませんか。

> 折り返し電話する（おりかえしでんわする）to call back／打回来／gọi lại
> 改めてかけ直す（あらためてかけなおす）to call again／重拨／gọi lại
> 早急に（さっきゅうに）as soon as possible／尽早／nhanh chóng, gấp rút

3. **基本2-2 (b)** を使って、伝言を伝える練習をしなさい。

D 聞いてみよう

基本2-2 を使ったいろいろなバリエーションを聞いてみましょう。

a. 知人が働いている会社に電話して伝言を頼む。 F

•))) U2-7

板東　：はい、山川商事、営業課でございます。

グエン：私、グエンと申しますが、長島さんお願いします。

板東　：あっ、申し訳ございませんが、長島はただいま外出しておりますが。

グエン：あ、そうですか。では、電話があったことだけお伝えいただけますか。

板東　：はい、かしこまりました。グエン様ですね。では念のためお電話番号をお願いできますか。

グエン：ええ、よろしいでしょうか。

板東　：お願いします。

グエン：私の電話番号は、045（板東：045）、223（板東：223）、2002です。（板東：2002ですね）

板東　：復唱させていただきます。045、223の2002、グエン様ですね。

グエン：はい。ではよろしくお願いします。

> 営業課（えいぎょうか）sales section／营业课／ban Bán hàng
> 外出する（がいしゅつする）to go out／外出／đi ra ngoài
> 念のため（ねんのため）by way of precaution; to be sure／以防万一／để đảm bảo
> 復唱する（ふくしょうする）to repeat／复述／lặp lại

b. 先生に伝言を伝える。 F

•))) U2-8

アタル：高橋先生、先生はアンダーソン先生をご存じですか。

高橋　：アンダーソン先生？ ああ、知っていますよ。最近お目にかかっていませんけど。

アタル：実は先日、六本木の講演会でお目にかかりまして。

高橋　：あ、そうですか。今、日本にいらっしゃっているんですか。

アタル：ええ。それで、できればぜひ高橋先生にお目にかかりたいので、近いうちにメールでご連絡するとのことです。

高橋　：そうですか。楽しみですね。ありがとう。

アタル：いいえ。

> 近いうちに（ちかいうちに）soon／近期之内／trong một vài ngày, tương lai gần, sắp tới

c. **初めて話す人（友だちのルームメイト）にかけ直すことを伝える。** N　U2-9

アタル　　　：すみません、アタルといいますが、鈴木(すずき)さん、お願いします。
ルームメイト：鈴木さんは今出かけてます。
アタル　　　：何時ごろ戻るかわかりますか。
ルームメイト：さあ、ちょっと。
アタル　　　：わかりました。それじゃ、夕方またかけ直します。
ルームメイト：あ、はい。わかりました。
アタル　　　：では失礼します。
ルームメイト：はい。

d. **同僚(どうりょう)に伝言を伝える。** N　U2-10

山田：伊藤(いとう)さん、後藤(ごとう)さんって知ってますよね、後藤武(たけし)さん。
伊藤：ええ、知ってます。前の会社でお世話になったんです。
山田：実(じつ)は土曜日の展示会(てんじかい)でお目にかかって。
伊藤：あ、そうですか。お元気でした？
山田：ええ、それで、伊藤さんによろしくとのことでしたよ。
伊藤：あ、そうですか。後藤さんか、懐(なつ)かしいなあ。

展示会(てんじかい) exhibition／展会／triển lãm

e. **友だちに伝言を伝える。** C　U2-11

島田：さっきチャンさんから電話があって、戻ったら電話ほしいって。
横山：あ、ほんと。すぐかけてみる。
島田：電話番号わかる？
横山：うん、大丈夫(だいじょうぶ)。ありがとね。

まとめの練習

1 下線部をうめて、会話を完成させなさい。

(1) **風邪で欠席することを連絡する。F**

上田 ：日本研究センターでございます。

ワット：おはようございます。ワットです。

上田 ：あ、おはようございます。

ワット：あの、実は風邪をひいてしまいまして…。

上田 ：あ、そうですか。

ワット：ええ、＿＿＿＿＿＿＿＿＿＿＿＿＿＿＿＿＿＿＿＿＿＿＿＿＿＿＿。

上田 ：わかりました。風邪でお休みということですね。

ワット：はい、中村先生に＿＿＿＿＿＿＿＿＿＿＿＿＿＿＿＿＿＿＿＿＿。

上田 ：はい、わかりました。＿＿＿＿＿＿＿＿＿＿＿＿＿＿＿。

ワット：よろしくお願いします。それでは失礼します。

上田 ：はい、＿＿＿＿＿＿＿＿＿＿＿＿＿＿＿＿。

(2) **MM電気企画部の小林さんと話そうと電話をかけたが、席をはずしていて不在だったので、あとで電話をしてほしいと伝言を頼む。F**

松元：はい、MM電気リサーチセンター、受付の松元と申します。

リン：あ、私、リンと申しますが。

松元：いつもお世話になっております。

リン：＿＿＿＿＿＿＿＿＿＿＿＿＿＿＿＿＿＿＿＿＿＿。

　　　あのう、企画部の小林さんをお願いいたします。

松元：あっ、申し訳ありませんが、小林は＿＿＿＿＿＿＿＿＿＿＿＿＿＿＿＿＿＿＿。

リン：あ、そうですか。では、＿＿＿＿＿＿＿＿＿＿＿＿＿＿＿＿＿＿＿＿＿。

松元：はい、承知しました。あの、すみません。お名前をもう一度いただけますか。

リン：はい、私、リサ・リンと申します。

松元：リサ・リン様ですね。わかりました。

　　　＿＿＿＿＿＿＿＿＿＿＿＿＿＿＿＿＿＿＿＿＿＿。

リン：＿＿＿＿＿＿＿＿＿＿＿＿＿＿＿＿＿＿＿。

2 ペアを作ってAとBの役になり、電話で連絡する会話を練習しなさい。

(1) 【欠席・遅刻の連絡】

授業を休む、または遅刻するので、事務局の長谷川さんに電話をかけます。理由を考えて電話をしなさい。 **F**

A：電話をする人

B：電話に出る人（事務局の長谷川）

(2) 【電話で伝言を頼む・伝言を伝える】

横浜出版の本間さんと話そうと電話をしましたが、本間さんは外出中でした。電話に出た人に伝言を伝えなさい。また、電話に出た人は、本間さんに伝言を伝えなさい。 **F**

A：電話をする人

B：電話に出る人

(3) 【指導教授の伝言を伝える】

自分の大学の指導教授であるブラウン先生から、高橋先生への伝言を頼まれました。高橋先生はブラウン先生の古い友人です。以下の伝言を高橋先生に伝えなさい。 **F**

ブラウン先生の伝言の内容
11月の終わりに横浜に行く予定。そのときに高橋先生に会いたい。詳細はメールで連絡する。

A：学生

B：高橋先生

指導教授（しどうきょうじゅ）academic advisor／指导教授／giáo sư hướng dẫn
詳細（しょうさい）details／详细信息／chi tiết

✉ メールを書いてみよう

(1) 先生に直接欠席を伝える。

> 件名： 欠席（11月1日）のご連絡
>
> ---
>
> 山下先生
>
> Xクラスのアタルです。[1]　　　　　　　　　　　　　　　◀ あいさつ
>
> 実は、病院で検査を受けなければならないので、来週月曜日の授業を　　◀ 状況の説明・用件
> お休みさせていただきます。[2]
>
> もし宿題などありましたら、お知らせいただけますでしょうか。　　◀ お願い
>
> ご面倒をおかけいたしますが、よろしくお願いいたします。[3]　　◀ 結び
>
> ダビド・アタル

(2) 訪問予定だった会社に訪問できなくなったことを伝える。

> 件名： 明日の会議につきまして（キャンセルのご連絡）
>
> ---
>
> 山本太一様
>
> いつも大変お世話になっております。[4]　サイバーテックの伊東です。[1]　◀ あいさつ
>
> 明日の13時にそちらにうかがうお約束でしたが、
> 実は体調を崩してしまい、明日までに回復しそうもありません。　　◀ 状況の説明・用件
> 急なご連絡で申し訳ありませんが、[3]
> 明日の会議はキャンセルさせていただきたいと思います。[2]
>
> ご迷惑をおかけすることになり、本当に申し訳ありません。　　◀ お詫び
> 体調が戻りましたら、また改めまして、お約束をさせていただきたい　　◀ 今後の対応
> と思っております。
>
> 何卒よろしくお願いいたします。[3]　　　　　　　　　　　◀ 結び
>
> サイバーテック
> 伊東 淳

体調を崩す（たいちょうをくずす）to get sick／身体不舒服／bị bệnh, không khỏe
回復する（かいふくする）to recover／恢复／hồi phục
急な連絡（きゅうなれんらく）sudden contact／紧急联系／liên lạc đột ngột
キャンセルする to cancel／取消／hủy bỏ
何卒（なにとぞ）please; kindly／请原谅／xin vui lòng

メールの重要ポイント

1. よく知っている相手にメールをするときは、「私は」も「〜と申します」も使わないで「〜です」を使う。
2. 病気など、欠席するのが当然の理由のときは、「〜ので、〜させていただきます」のように1文で用件を示す。相手が受け入れるかどうかがはっきりしないときは、理由と用件を2文に分け、「〜いただけないでしょうか」など、相手にお願いする表現を使う。
3. 相手に何かを報告・依頼したときは、必ず最後に「よろしくお願いします」を入れる。相手が依頼を引き受けるかどうかがわからないときは「ありがとうございます」は使わない。「よろしくお願いします」の前に、「ご面倒をおかけいたしますが」「お手数をおかけしますが」「申し訳ありませんが」など、相手に負担をかけることを謝る表現を入れることがある。
4. 最初のあいさつとして「いつもお世話になっています」がよく使われるが、先生に対してはあまり使わない。

1. When stating your name in an email to someone you know well, don't use 私は and 〜と申します. Instead, just use 〜です.
2. When notifying someone that you will be absent, if the reason is one that obviously makes sense—such as illness—you can state the reason and the notification as a single sentence, as in 〜ので、〜させていただきます. However, if you are unsure that the reason will be considered acceptable, state the reason and notification in two sentences, and phrase the notification as a request by using an expression like 〜いただけないでしょうか.
3. Be sure to end any notification or request with よろしくお願いします. If you are unsure that the recipient will accept your request, don't write ありがとうございます. In requests, よろしくお願いします is sometimes preceded by an expression of apology for the burden placed on the recipient, such as ご面倒をおかけいたしますが (I'm sorry to cause you trouble, but...), お手数をおかけします が (I'm sorry to inconvenience you, but...), or 申し訳ありませんが (I'm sorry, but...).
4. いつもお世話になっています is often used as an opening greeting, but not so much when writing to your day-to-day instructors.

1. 给熟人发邮件时，不使用"私は"、"〜と申します"，而是使用"〜です"。
2. 如果缺勤是因为生病等合理理由，则使用类似"〜ので、〜させていただきます"等，用一句话来表明事由。如果不知道对方会不会接受，可将理由和事由分成两句，并使用"〜いただけないでしょうか"等向对方提出请求的表达方式。
3. 在向对方进行报告和提出委托时，务必在最后加上"よろしくお願いします"。不确定对方是否会接受委托时，不要使用"ありがとうございます"。在"よろしくお願いします"前，会加上"ご面倒をおかけいたしますが（给您添麻烦了）"、"お手数をおかけしますが（让您费心了）"、"申し訳ありませんが（很抱歉）"等为给对方增加负担而表示歉意的表达方式。
4. 作为开头的问候，经常会使用"いつもお世話になっています"，但很少会对老师使用这句。

1. Khi gửi email cho người mà mình biết rõ, sử dụng "〜です" mà không dùng "私は" lẫn "〜と申します".
2. Khi nói lý do đương nhiên như vắng mặt vì bệnh v.v. thì trình bày nội dung bằng 1 câu như "〜ので、〜させていただきます". Khi không rõ đối phương có tiếp nhận hay không thì chia thành 2 câu gồm lý do và nội dung vấn đề, sử dụng cách diễn đạt cậy nhờ đối phương như "〜いただけないでしょうか" v.v.
3. Khi báo cáo, yêu cầu đối phương điều gì đó, bắt buộc cuối cùng phải đưa "よろしくお願いします" vào. Khi không rõ đối phương có tiếp nhận yêu cầu hay không thì không dùng "ありがとうございます". Trước "よろしくお願いします", có thể đưa cách diễn đạt xin lỗi việc khiến đối phương chịu gánh nặng vào như "ご面倒をおかけいたしますが (Thật làm phiền anh / chị nhưng mà...)", "お手数をおかけしますが (Phiền anh / chị ...)", "申し訳ありませんが (Thật xin lỗi là ...)" v.v.
4. "いつも世話になっています" thường được dùng như câu chào đầu tiên nhưng hầu như không sử dụng với giáo viên mà mình học hằng ngày.

✎ 書いてみよう

1. あなたは、来週の授業を欠席したいと考えています。理由も含めて先生にメールをしなさい。

2. あなたは、翻訳の仕事の打ち合わせのため、あしたの3時に横浜市の国際交流担当課の井上ゆりさんと会う約束をしていましたが、風邪をひいてしまい、行けそうもありません。断るメールを書きなさい。

翻訳(ほんやく) translation／翻译／sự biên dịch, dịch thuật
打ち合わせ(うちあわせ) meeting／商谈／cuộc họp
国際交流担当課(こくさいこうりゅうたんとうか) international exchange section／国际交流担当课／ban phụ trách Giao lưu quốc tế
断る(ことわる) to refuse／拒绝／từ chối

Let's Challenge !

1

ロングさんの会話の進め方には問題があります。問題点を考えなさい。

田中　：日本研究センターでございます。

ロング：おはようございます。学生のロングです。きのうから熱があるから今日は授業を休みます。

田中　：あ、はい……。熱があってお休みということですね。

ロング：そうです。佐藤先生に言ってください。

田中　：あ、佐藤先生にお伝えすればいいんですね。

ロング：はい、ありがとうございます。失礼します。

田中　：あ、はい。お大事に。

2

ロングさんのメールの書き方には問題があります。問題点を考えなさい。

件名： 欠席したい

山下先生へ

Xクラスのロングと申します。

実は、病院で検査を受けなければなりませんから。
月曜日の授業をお休みさせていただきたいと思いまして。
もし宿題があったら、知らせてください。
ありがとうございます。

サム・ロングより

失礼します
しつれい

訪問する／辞去する・ほめる／ほめられる
ほうもん　　じきょ

ユニットの目標

◎ 初めての訪問先で適切にふるまい、あいさつをして帰ることができる。
はじ　　　ほうもんさき　てきせつ　　　　　　　　　　　　　　　かえ

I can appropriately interact and take my leave when visiting someone for the first time.／能够在第一次拜访的场所做出适当举止和告别。／Có thể ứng xử, cáo lui một cách phù hợp ở nơi đến thăm lần đầu.

◎ ほめられたときの対応が適切にできる。
たいおう

I can appropriately respond when complimented.／能够在被赞扬时做出适当应对。／Có thể ứng xử một cách phù hợp khi được khen ngợi.

◎ 適切にほめることができる。

I can appropriately compliment others.／能够做出适当赞扬。／Có thể khen ngợi một cách phù hợp.

場面1 初めて訪問する
ばめん　　はじ　　ほうもん

A やってみよう

1. あなたは初めて指導教授の家を訪問することになりました。次の(a)〜(d)
はじ　しどうきょうじゅ　　ほうもん
の場面を、動作も含めて考えてみなさい。
ふく

(a) インターホンを鳴らして、先生のお宅に上がる。
な　　　　　　　たく

(b) 先生と先生の家族（初対面）にあいさつしておみやげを渡す。
しょたいめん　　　　　　　　　　　わた

(c) 食事をすすめられて食べる。

(d) 帰ることを告げ、あいさつをして家を出る。
つ

> 指導教授（しどうきょうじゅ）academic advisor／指导教授／giáo sư hướng dẫn
> 訪問する（ほうもんする）to visit／访问／thăm viếng
> 動作（どうさ）behavior; gesture; action／动作／động tác, hành động
> お宅に上がる（おたくにあがる）to enter a home／进入（他人的）家门／bước vào nhà

2. モデル会話1を聞いて、下の **基本** 部分の下線部をうめなさい。
きほん　　ぶぶん　かせんぶ

•》 **U3-1**

基本 3-1 (a)

先生　：こんにちは。どうぞお入りください。

フラー：失礼します。先生、＿＿＿＿＿＿＿＿＿＿＿＿＿＿＿＿＿＿。
しつれい

先生　：いえ、お待ちしていました。どうぞ＿＿＿＿＿＿＿＿＿＿＿＿＿＿＿。

フラー：はい。＿＿＿＿＿＿＿＿＿＿＿＿＿＿＿＿＿＿。

先生の夫：あ、はじめまして。夫の一郎です。
　　　　　　　　<ruby>夫<rt>おっと</rt></ruby>　<ruby>一郎<rt>いちろう</rt></ruby>

　　　　　　　今日は_____。

フラー　　：あ、はじめまして。フラー_____。

　　　　　　　どうぞ_____。

　　　　　　　これ、_____。

　　　　　　　_____。

先生の夫：_____どうもありがとうございます。

先生　　：さ、どうぞ、_____。

フラー：ありがとうございます。

　　　　　それでは_____。

フラー：あ、もう_____。

　　　　_____。今日はごちそうさまでした。

先生　　：_____。

フラー：いろいろお話を聞かせていただき、本当に楽しかったです。

先生　　：こちらこそ楽しかったです。

フラー：それでは失礼いたします。_____。

先生　　：いいえ。_____。

　　　　　では気をつけて。

招く（まねく）to invite／召唤／lối vào
おじゃまします May I come in?／打扰／Em xin phép vào nhà ạ.
口に合う（くちにあう）to taste good／口味适合／hợp khẩu vị
ていねいな polite／礼貌的／lịch sự
遠慮なく（えんりょなく）without hesitation／不要客气／không khách sáo, không ngại
何（なん）のおかまいもできませんで。 I'm sorry that I couldn't entertain you better.／
　　招待不周，还请原谅。／Xin lỗi vì đã đón tiếp anh / chị không được chu đáo.

3. 次のページの **基本** 部分を見て、1で自分が考えた表現とどのような点が違うかを確認しなさい。
　　<ruby>次<rt>つぎ</rt></ruby>　　　　　　　　　　　　　　　　<ruby>表現<rt>ひょうげん</rt></ruby>　　　　　　　　<ruby>違<rt>ちが</rt></ruby>　　<ruby>確認<rt>かくにん</rt></ruby>

B 基本部分を確認しよう

で囲んだ **基本** 部分に注意して、スクリプトを見ながらもう一度モデル会話1を聞きなさい。 •)) **U3-1**

フラー① ：（先生の家の玄関のインターホンを鳴らす）

先生❶ ：はーい。（玄関のドアを開ける）

フラー② ：こんにちは。先生。

先生❷ ：こんにちは。どうぞお入りください。 　　　　　　　　　　　　　　　　　基本 3-1 (a)

フラー③ ：失礼します。先生、本日はお招きいただき、ありがとうございます。

先生❸ ：いえ、お待ちしていました。どうぞお上がりください。

フラー④ ：はい。それでは、おじゃまします。（靴を脱いで上がる）

先生の家族にあいさつをしておみやげを渡す。

先生の夫❶：あ、はじめまして。夫の一郎です。 　　　　　　　　　　　　　　基本 3-1 (b)

　　　　　　今日はようこそいらっしゃいました。

フラー⑤ ：あ、はじめまして。フラーと申します。どうぞよろしくお願いします。

　　　　　　これ、みなさんで召し上がってください。（おみやげを渡す）

　　　　　　お口に合うかどうかわかりませんが。

先生の夫❷：これはごていねいにどうもありがとうございます。

　　　　　　さあ、どうぞこちらへ。

フラー⑥ ： ありがとうございます。失礼します。

料理をすすめられる。

先生❹ ：さ、どうぞ、ご遠慮なく召し上がってください。 　　　　　　　　　基本 3-1 (c)

フラー⑦ ：ありがとうございます。それでは遠慮なくいただきます。

帰ることを告げ、あいさつをして先生の家を出る。

フラー⑧ ：あ、もうこんな時間ですね。そろそろ失礼いたします。 　　　　　基本 3-1 (d)

　　　　　　今日はごちそうさまでした。

先生❺ ：いえ、何のおかまいもできませんで。

フラー⑨ ：いろいろお話を聞かせていただき、本当に楽しかったです。

先生❻ ：こちらこそ楽しかったです。

フラー⑩ ：それでは失礼いたします。おじゃましました。

先生❼ ：いいえ。またいらっしゃってください。では気をつけて。

玄関（げんかん）entrance／玄关／lối vào

基本部分の流れと表現

先生のお宅を訪問してから辞去するまでの **基本** 部分の流れと表現を確認しなさい。

フラー	先生	
(a) ② ③ **訪問の あいさつ**		**F** 本日はお招きいただき、ありがとうございます
		N こんにちは
		C 来たよー
	② ③ **出迎え**	**F** ようこそいらっしゃいました
		F お待ちしていました
		F どうぞお入りください／お上がりください
		N ようこそ
		N 入ってください／上がってください
		N **C** どうぞ
		C 入って／上がって
④ **お宅に 上がる**		**F** それでは、おじゃまします／失礼します
		N おじゃまします／失礼します
		C おじゃましまーす

フラー	先生の夫	
(b) ⑤ **おみやげを 渡す**		**F** これ、みなさんで召し上がってください。お口に合うか どうかわかりませんが
		F 気に入っていただけるかどうかわかりませんが
		F 気に入っていただけるとうれしいんですが
		F つまらないものですが（古い表現）
		F **N** もしよかったらお使いください
		N 〜さんにと思って持ってきました
		N これ、よかったらどうぞ
		C これ、おみやげ
	② **おみやげを 受け取る**	**F** これはごていねいにありがとうございます
		N ありがとうございます
		C ありがとう

	フラー	先生		
(c)		④	料理を すすめる	**F** どうぞ、ご遠慮なく召し上がってください **N** どうぞ、ご遠慮なく **N** **C** どうぞ **C** 食べて食べて
	⑦		料理を 食べる	**F** **N** ありがとうございます。それでは遠慮なくいただきます **C** おいしそう。じゃあ、いただきまーす
(d)	⑧		辞去を 申し出る	**F** もうこんな時間ですね。そろそろ失礼いたします **F** すみませんが、私はこれで失礼します **N** あのう、私はこれで **C** そろそろ帰るね
	⑩		辞去の あいさつ	**F** **N** それでは失礼いたします／します **F** **N** **C** おじゃましました **C** じゃあね、バイバイ
		⑦	見送る	**F** またいらっしゃってください **F** またいらしてください（やや古い言い方） **N** また来てください **N** まだいいじゃありませんか ↘（引き留める表現） **C** また来てね

基本部分の重要ポイント

基本 3-1 (a)〜(d) の流れを使って、重要ポイントを確認しなさい。**F**

基本 3-1 (a)

	先生❷	：こんにちは。どうぞお入りください。[1]
訪問のあいさつ	フラー③	：失礼します。[1]　先生、本日はお招きいただき、ありがとうございます。
出迎え	先生❸	：いえ、お待ちしていました。どうぞお上がりください。[1]
お宅に上がる	フラー④	：はい。それでは、おじゃまします。[1]（靴を脱いで上がる）

先生の夫❶　　：あ、はじめまして。　__（家族関係と名前）__　です。　基本 3-1 (b)

　　　　　　　　今日はようこそいらっしゃいました。 [2]

フラー⑤　　：あ、はじめまして。　__（名前）__　と申します。

　　　　　　　　どうぞよろしくお願いします。

おみやげを渡す　　　　　これ、みなさんで召し上がってください。 [3]

　　　　　　　　お口に合うかどうかわかりませんが。

おみやげを受け取る　先生の夫❷：これはごていねいにどうもありがとうございます。 [4]

料理をすすめる　先生❹　：さ、どうぞ、ご遠慮なく召し上がってください。　基本 3-1 (c)

料理を食べる　フラー⑦：ありがとうございます。

　　　　　　　　それでは遠慮なくいただきます。 [5]

辞去を申し出る　フラー⑧：あ、もうこんな時間ですね。そろそろ失礼いたします。 [6]　基本 3-1 (d)

　　　　　　　　今日はごちそうさまでした。

　　　　先生❺　：いえ、何のおかまいもできませんで。

　　　　フラー⑨：いろいろお話を聞かせていただき、本当に楽しかったです。

　　　　先生❻　：こちらこそ楽しかったです。

辞去のあいさつ　フラー⑩：それでは失礼いたします。おじゃましました。 [7]

見送る　　　先生❼　：いいえ。またいらっしゃってください。では気をつけて。

[1] 玄関の中に入るように言うときは「**お入りください**」、靴を脱いで室内に入るように言うときは「**お上がりください**」を使う。それに対し、「**失礼します**」「**おじゃまします**」と答える。

[2] 来てくれたことを歓迎するときのほかの表現：「**ようこそお越しくださいました**」「**ようこそおいでくださいました**」など

[3] おみやげを渡すときのほかの表現：「**気に入っていただけるとうれしいんですが**」「**もしよかったら、お使いください**」「**つまらないものですが**」（古い表現）など

[4] おみやげをもらった後は、お礼に加えて「**いただきます**」「**使わせていただきます**」などと言うこともある。

[5] 食べ物や飲み物をすすめられたら、お礼を言って、「**それでは遠慮なくいただきます**」「**それでは遠慮なく**」などと言う。「**ご遠慮なく**」はすすめる人が使う。

[6] 帰るときは、時計を見たりして、遅くなったから帰ると言い、お礼を言う。

[7] ここでの「**おじゃましました**」は、今まで部屋にいたことを謝る表現で、「**それでは失礼します**」は、いなくなることを先に謝る表現。

1　To invite a visitor to come inside the entrance, say お入りください. Then, use お上がりください to have the visitor remove their shoes and enter the main part of your home. The visitor responds with 失礼します or おじゃまします.

2　Other expressions for welcoming a visitor: ようこそお越しくださいました, ようこそおいでくださいました, etc.

3　Other expressions for handing someone a gift: 気に入っていただけるとうれしいんですが (I hope you like this), もしよかったら、お使いください (Please use this if you like), つまらないものですが (old-fashioned expression: This is nothing special), etc.

4　Expressions of gratitude for a gift arc sometimes followed by additional comments such as いただきます or 使わせていただきます.

5　When offered food or a drink, thank the host and then say それでは遠慮なくいただきます, それでは遠慮なく, or a similar expression. To urge a guest to partake of something, use ご遠慮なく.

6　When it's time to take your leave, look at the clock and say that you've stayed too long and should leave.

7　In this context, おじゃましました is an apology for having disturbed the host, while それでは失礼します is an apology for leaving.

1　请来访者进入家中时使用 "**お入りください**"，请来访者脱鞋进入室内时使用 "**お上がりください**"。对此，来访者回答 "**失礼します**"、"**おじゃまします**"。

2　欢迎来访者到来时的其他表达方式："ようこそお越しくださいました"、"ようこそおいでくださいました" 等

3　赠送伴手礼时的其他表达方式："気に入っていただけるとうれしいんですが（希望您喜欢）"、"もしよかったら、お使いください（如果您喜欢，请使用）"、"つまらないものですが（一点小意思）"（老式表达方式）等

4　收到伴手礼后，除了表示感谢外，还会说 "いただきます"、"使わせていただきます" 等。

5　当对方邀请你吃东西或喝饮料时，要表示感谢，并说 "それでは**遠慮なく**いただきます"、"それでは**遠慮なく**" 等。"**ご遠慮なく**" 是邀请方使用的。

6　准备回家时，可以看钟表后表示时间不早了，所以要回去了，并感谢对方。

7　在这里，"**おじゃましました**" 是对自己在房间里逗留的这段时间表示歉意，而 "それでは**失礼します**" 则是提前对自己将要离开表示歉意。

1　Khi nói để khách vào trong hiên nhà thì dùng "お入りください", khi nói để khách cởi giày rồi vào trong thì dùng "お上がりください". Để đáp lại, người vào sẽ nói "失礼します", "おじゃまします".

2　Cách diễn đạt khác khi chào mừng việc có khách đến chỗ của mình: "ようこそお越しくださいました", "ようこそおいでくださいました" v.v.

3　Cách diễn đạt khác khi trao quà: "気に入っていただけるとうれしいんですが (Tôi sẽ rất vui nếu anh / chị thích món quà này)", "もしよかったら、お使いください (Nếu được thì anh / chị dùng xem sao nhé)", "つまらないものですが(Em có chút quà mọn ...)"

4　Sau khi nhận quà, cũng có thể nói "いただきます", "使わせていただきます" v.v. bên cạnh lời cảm ơn.

5　Nếu được mời đồ ăn, thức uống thì nói cảm ơn rồi nói "それでは**遠慮なく**いただきます", "それでは**遠慮なく**" v.v. "**ご遠慮なく**" là người mời sẽ sử dụng.

6　Khi ra về, có thể xem đồng hồ rồi nói muộn rồi để xin phép về, nói cảm ơn.

7　"おじゃましました" ở đây là cách nói xin lỗi về việc mình đã ở trong phòng cho đến lúc này, còn "それでは**失礼します**" là cách nói xin lỗi trước về việc mình sẽ không còn ở đó nữa.

C 練習しよう

1.　モデル会話1を聞いて、フラーのパートがすらすら言えるように練習しなさい。

2.　同僚の家や友人の家について、訪問から辞去までをやってみなさい。
どうりょう

D 聞いてみよう

基本3-1 を使ったいろいろなバリエーションを聞いてみましょう。

a. メールで会ってくれるようお願いした先生の研究室を初めて訪問する。F　　　•)) U3-2

先生　：はーい。どうぞ。入ってください。

チャン：失礼いたします。後藤先生でいらっしゃいますか。

先生　：はい、そうです。

チャン：私、先日メールでご連絡いたしましたスタンフォード大学のチャンと申します。今、
　　　　よろしいでしょうか。

先生　：はい、どうぞ。チャンさんですね。はじめまして。

チャン：はじめてお目にかかります。どうぞよろしくお願いいたします。本日はお忙しいところ、
　　　　わざわざお時間を取っていただきまして、ありがとうございます。

先生　：いえいえ。さ、どうぞ、そこ、座ってください。

チャン：ありがとうございます。では失礼します。

　　　　＊　　　＊　　　＊

先生　：…というのがいいんじゃないかと思いますよ。

チャン：わかりました。それでは早速、先ほど教えていただいた資料にあたってみます。先生、
　　　　本日はお忙しい中、お時間をいただき、本当にありがとうございました。大変勉強に
　　　　なりました。

先生　：そうですか。また何かあったら、メールしてください。

チャン：ありがとうございます。そうさせていただきます。それでは、失礼いたします。

資料（しりょう）data; material／资料／tài liệu

b. 友だちの家を訪問する。C　　　•)) U3-3

田中：はーい。

ピケ：こんにちは。ピケです。

田中：いらっしゃーい。どうぞ、上がって。

ピケ：おじゃまします。

　　　＊　　　＊　　　＊

田中：これ、作ったんだ。食べてみて。

ピケ：わっ、おいしそう。いただきます。

　　　＊　　　＊　　　＊

ピケ：あ、こんな時間だ。帰らなきゃ。

田中：あ、ほんと？ また来てね。

ピケ：うん。それじゃ、またね。おいしいおすし、ごちそうさま。

田中：うん。じゃあね。

場面2 ほめられる

A やってみよう

1. 次の(a)〜(d)の場面でどうするか、考えてみなさい。

   (a) あなたは日本語が上達したとほめられました。何と答えますか。
   (b) あなたの家族がほめられました。何と答えますか。
   (c) あなたの着ている服をほめられました。何と答えますか。
   (d) 先生の授業がすばらしかったので、先生をほめたいです。何と言いますか。

   ほめる to complimenting／賛揚／khen
   上達する(じょうたつする) to improve／进步／tiến bộ

2. モデル会話2を聞いて、下の **基本** 部分の下線部をうめなさい。　　　　　　　　●)) U3-4

基本 3-2 (a)

大家：パクさん、日本語、上手になりましたね。

パク：_____。

大家：半年前とはまったく違いますよ。

パク：_____。

基本 3-2 (b)

鈴木：シンさんの奥様、すてきですね。

シン：_____。

鈴木：私もあんなふうになれたらなあ。

シン：_____。

基本 3-2 (c)

山田　：そのシャツ、お似合いですね。

ワイダ：_____。

基本 3-2 (d)

ペール：先生の授業、_____。

先生　：いえいえ。

3. 次のページの **基本** 部分を見て、1で自分が考えた表現とどのような点が違うかを確認しなさい。

B 基本部分を確認しよう

で囲んだ **基本** 部分に注意して、スクリプトを見ながらもう一度モデル会話2を聞きなさい。 **◦))) U3-4**

大家① ：パクさん、日本語、上手になりましたね。　　　　　　　　　　基本 3-2 (a)

パク❶ ：いえ、まだまだです。

大家② ：半年前とはまったく違いますよ。

パク❷ ：そう言ってもらえるとうれしいです。

鈴木① ：シンさんの奥様、すてきですね。　　　　　　　　　　　　　　基本 3-2 (b)

シン❶ ：いえー。

鈴木② ：私もあんなふうになれたらなあ。

シン❷ ：いやー……、ありがとうございます。

山田① 　：そのシャツ、お似合いですね。　　　　　　　　　　　　　　基本 3-2 (c)

ワイダ❶：そう？ ありがとう。

ペール① ：先生の授業、とても勉強になりました。ありがとうございました。　基本 3-2 (d)

先生❶ 　：いえいえ。

基本部分の流れと表現

ほめられたときの **基本** 部分の流れと表現を確認しなさい。

ほめられた人		
(a) ❶	謙遜（否定）けんそん ひてい	**F** **N** そんなことありません
		F **N** いえ、まだまだです
		F **N** たいしたことありません
		F **N** とんでもないです（／とんでもありません）
(b) (d)	謙遜（軽い否定・あいまいな応答）おうとう	**F** **N** いえいえ／いえ、そんな／いえー
(c)	謙遜（疑問）ぎもん	**F** **N** そうですか
		F **N** また、冗談ばかり
		C そう↗／またまた

(b) **2** 受け入れ（感謝）　🇫🇳 ありがとうございます

　　　　　　　　　　　　　🇫🇳 〜さんのおかげです

(a) 　受け入れ（感想）　🇫🇳 そう言っていただけると／もらえるとうれしいです

　　　受け入れ（希望）　🇫🇳 早くそうなりたいです

　　　　　　　　　　　　🇫🇳 そうだといいんですが

　　　受け入れ（限定）　🇫🇳 ほかはまったくだめですけど

　　　　　　　　　　　　🇫🇳 〜だけはできるんです

　　　　　　　　　　　　🇫🇳 たまたま〜だけです

　　　受け入れ（理由）　🇫🇳 子どものころからやっているので

　　　　　　　　　　　　🇫🇳 そのために日本に来たので

ユニット **3** 場面 **2** ほめられる

基本部分の重要ポイント

基本3-2 の流れを使って、重要ポイントを確認しなさい。🇫

　　　大家①：パクさん、日本語、上手になりましたね。　　　　基本 3-2 (a)

謙遜　パク❶：＿＿（否定／軽い否定・曖昧な応答／疑問）＿＿。[1]

　　　大家②：半年前とはまったく違いますよ。

受け入れ　パク❷：＿＿（感謝／感想／希望／限定／理由）＿＿。[2][3]

　　　鈴木①：シンさんの奥様、すてきですね。　　　　　　　基本 3-2 (b)

謙遜　シン❶：＿＿（軽い否定・曖昧な応答）＿＿。[4]

　　　鈴木②：私もあんなふうになれたらなあ。

受け入れ　シン❷：＿＿（感謝）＿＿。

　　　山田①　：そのシャツ、お似合いですね。[5]　　　　　基本 3-2 (c)

受け入れ　ワイダ❶：＿＿（疑問／感謝）＿＿。[3]

先生をほめる　　ペール①：先生の授業、＿＿＿（感想）。 ^⑥

　　　　　　　　　　　　ありがとうございました。

受け入れ　　　　先生❶　：いえいえ。 ^③

---

1. ほめられたとき、初めは**否定や疑問、あいまいな返答**をし、❶**謙遜**を示すことが多い。さらに続けてほめられたときは、**感謝や感想、希望、限定、理由**などの❷**受け入れ**の表現を使って終わらせる。
2. 強い否定を続けると会話が終わらなくなるので、受け入れの表現を使って会話を終わらせる。
3. すぐに受け入れてもおかしくない客観的な事実の場合は、最初に否定をしないで、感謝などの表現を使って受け入れる。そのときは、「ありがとうござい**ました**」ではなく、「ありがとうござい**ます**」を使う。また、先生にほめられたときは強く否定しない。（→D 聞いてみよう a）
4. 否定も受け入れもしにくいときは、軽く否定したり、あいまいに答えたりする。
5. 相手の外見をほめる場合は、失礼になる場合があるので十分に注意する。外見をほめられた場合は、軽く否定したり、あいまいに答えたりすることが多い。
6. 先生をほめるときは、先生の行動を直接評価するのではなく、自分がどう感じたかを示す。

　　× 先生の教え方はとても上手です。

　　○ おかげさまでとてもよくわかりました／勉強になりました。

---

1. The common response to a compliment is to first show humility by expressing denial or doubt about what was complimented, or by making a vague reply. After being complimented again, acknowledge the compliment with a comment thanking the person and/or explaining that you accepting the compliment only to a certain extent or because of a particular reason.
2. Continuing to firmly reject a compliment will only cause the exchange to go on, so close it out by using an expression that conveys your acceptance of the compliment.
3. In cases of compliments for objective facts where it is perfectly normal to immediately accept the compliment, skip the initial humble denial and just thank the person. Here, ありがとうござい**ます** is used, not ありがとうござい**ました**. Also, avoid firmly rejecting compliments from instructors.（→D 聞いてみよう a）
4. In cases where you find it difficult to deny or acknowledge a compliment, just gently reject it or respond vaguely.
5. Use caution when complimenting someone on their appearance, as such compliments can sometimes be rude. When receiving a compliment on one's appearance, the common response is to gently reject the compliment or respond vaguely.
6. When complimenting instructors, avoid directly evaluating their actions and instead phrase your compliment in terms of how you feel about them.

　　× 先生の教え方はとても上手です。

　　○ おかげさまでとてもよくわかりました／勉強になりました。

---

1. 被赞扬时，通常会在一开始否认、表示疑问或做出模糊回答，以此表示谦逊。如果对方进一步继续赞扬，则使用感谢、接受部分或说明理由等表示接受的表达方式来结束。
2. 如果持续强烈否定的话，会话就不会结束，因此，使用表示接受的表达方式来结束对话。
3. 如果是立即接受也不奇怪的客观事实，则一开始不用否认，而是用感谢等表达方式来接受。这时，不要使用"ありがとうございました"，而是使用"ありがとうございます"。此外，被老师表扬时不要强烈否定。（→D 聞いてみよう a）
4. 如果难以否认也难以接受时，可以稍加否定或模糊回答。
5. 赞扬对方外表有可能会成为不礼貌的行为，要非常注意。如果被人赞扬外表，通常会稍加否定或模糊回答。
6. 在赞扬老师时，不要直接评价老师的行为，而是表达自己的感受。

　　× 先生の教え方はとても上手です。

　　○ おかげさまでとてもよくわかりました／勉強になりました。

1 　Khi được khen, phần lớn đầu tiên là phủ nhận, nghi ngờ, trả lời mơ hồ, thể hiện sự khiêm tốn. Khi tiếp tục được khen nữa thì dùng cách nói tiếp nhận như cảm ơn, giới hạn, lý do v.v. để kết thúc.

2 　Nếu tiếp tục phủ nhận mạnh mẽ thì cuộc nói chuyện sẽ không kết thúc, vì vậy sử dụng cách nói tiếp nhận để kết thúc cuộc nói chuyện.

3 　Trường hợp là sự thật khách quan, tiếp nhận ngay cũng không sượng sùng thì đầu tiên không phủ nhận mà sử dụng cách nói cảm ơn v.v. để tiếp nhận. Lúc đó không dùng "ありがとうございました" mà dùng "ありがとうございます". Ngoài ra, không phủ nhận mạnh mẽ khi được giáo viên khen ngợi. (→D 聞いてみよう a)

4 　Khi khó phủ nhận mà cũng khó tiếp nhận thì phủ nhận nhẹ nhàng hoặc trả lời một cách mơ hồ.

5 　Trường hợp khen vẻ bề ngoài của đối phương thì cần lưu ý cẩn thận vì có khi trở nên thất lễ. Trường hợp được khen về vẻ ngoài thì phần lớn phủ nhận nhẹ nhàng hoặc trả lời một cách mơ hồ.

6 　Khi khen giáo viên thì không bình phẩm trực tiếp hành động của giáo viên mà trình bày mình đã cảm thấy thế nào.

　　✕ 先生の教え方はとても上手です。

　　○ おかげさまでとてもよくわかりました／勉強になりました。

その他のストラテジー

● 相手をほめ返す。

Respond with your own compliment of the person.／回赞对方。／Khen ngược lại đối phương.

- ～さんこそすごいですよ。 **N**
- ～さんも…ですよね。 **N**

● 同意する。（親しい関係で適当な場面に限る）

Simply agree. (This is limited to appropriate situations involving just close friends.)／同意。(仅限当适当场合下，且于亲密关系的人）／Đồng ý. (Chỉ ở những tình huống phù hợp, có quan hệ thân thiết)

- 私もそう思います。 **N**
- すごいでしょ。 **C**

● 冗談で返す。

Reply with a joke.／用玩笑回复。／Đáp lại bằng cách nói đùa.

- 相手：箸、上手に使えるんですね。
  自分：いやあ、最近では３本同時に使えるようになりました。 **N**

● ほめるのをやめるように、直接、言う。

Just ask the person not to compliment you.／为了让对方停止赞扬，直接向对方说。／Nói thẳng để đối phương không khen nữa.

- 相手：○○さん、すごいね。頭もいいし、かっこいいし、それにとても優しくてスポーツも万能だし…。
  自分：もう、やめろって。恥ずかしいから！ **C**

C 練習しよう

1. モデル会話2を聞いて、ほめられた人のパートがすらすら言えるように練習しなさい。

2. **基本3-2** を使って、ほめられたときの返事を練習しなさい。

(1) **相手：いや、ほんとに日本語が上手ですね。**

①否定：＿＿＿＿＿＿＿＿＿＿＿＿＿＿＿＿＿＿＿＿＿＿＿＿＿＿＿＿＿＿＿＿。

②感想：＿＿＿＿＿＿＿＿＿＿＿＿＿＿＿＿＿＿＿＿＿＿＿＿＿＿＿＿＿＿＿＿。

③希望：＿＿＿＿＿＿＿＿＿＿＿＿＿＿＿＿＿＿＿＿＿＿＿＿＿＿＿＿＿＿＿＿。

④理由：＿＿＿＿＿＿＿＿＿＿＿＿＿＿＿＿＿＿＿＿＿＿＿＿＿＿＿＿＿＿＿＿。

⑤限定：＿＿＿＿＿＿＿＿＿＿＿＿＿＿＿＿＿＿＿＿＿＿＿＿＿＿＿＿＿＿＿＿。

(2) **相手：〜さん、本当にまじめだね。宿題も必ずしてくるし、準備も完璧だし。**

①否定：＿＿＿＿＿＿＿＿＿＿＿＿＿＿＿＿＿＿＿＿＿＿＿＿＿＿＿＿＿＿＿＿。

②疑問：＿＿＿＿＿＿＿＿＿＿＿＿＿＿＿＿＿＿＿＿＿＿＿＿＿＿＿＿＿＿＿＿。

③感想：＿＿＿＿＿＿＿＿＿＿＿＿＿＿＿＿＿＿＿＿＿＿＿＿＿＿＿＿＿＿＿＿。

④理由：＿＿＿＿＿＿＿＿＿＿＿＿＿＿＿＿＿＿＿＿＿＿＿＿＿＿＿＿＿＿＿＿。

(3) **相手：〜さん、ハンサムだね／美人だね。**

①否定：＿＿＿＿＿＿＿＿＿＿＿＿＿＿＿＿＿＿＿＿＿＿＿＿＿＿＿＿＿＿＿＿。

②軽い否定・あいまいな応答：＿＿＿＿＿＿＿＿＿＿＿＿＿＿＿＿＿＿＿＿＿＿。

(4) **相手：その靴、かわいいね。**

①軽い否定・あいまいな応答：＿＿＿＿＿＿＿＿＿＿＿＿＿＿＿＿＿＿＿＿＿＿。

②疑問：＿＿＿＿＿＿＿＿＿＿＿＿＿＿＿＿＿＿＿＿＿＿＿＿＿＿＿＿＿＿＿＿。

③感想：＿＿＿＿＿＿＿＿＿＿＿＿＿＿＿＿＿＿＿＿＿＿＿＿＿＿＿＿＿＿＿＿。

④感謝：＿＿＿＿＿＿＿＿＿＿＿＿＿＿＿＿＿＿＿＿＿＿＿＿＿＿＿＿＿＿＿＿。

D 聞いてみよう

基本**3-2** を使ったいろいろなバリエーションを聞いてみましょう。

a. **学会発表で、聞き手であるほかの大学の先生にほめられる。** F ·))) **U3-5**

先生：細かいところまで緻密に分析なさっていて、すばらしいご発表だったと感じました。

リン：あ、ありがとうございます。

先生：課題としてご指摘になった点は、今後の研究の進むべき方向性をも示しているように感じて、大変勉強になりました。

リン：おほめいただきありがとうございます。まだまだ足りない部分もあると思います。今後も引き続き研究を続けていきたいと思っております。

> 学会（がっかい）academic conference／学会／hội thảo khoa học
> 緻密な（ちみつな）elaborate／缜密的／tỉ mỉ, chi tiết
> 分析する（ぶんせきする）to analyze／分析／phân tích
> 課題（かだい）issue; problem; task／课题／vấn đề, thách thức, nhiệm vụ
> 指摘する（してきする）to point out／指出（问题等）／chỉ ra
> 方向性（ほうこうせい）direction／方向性／phương hướng
> 示す（しめす）to show／展示、表示／thể hiện, trình bày
> 引き続き（ひきつづき）continuously／继续／sự tiếp tục

b. **知り合いに日本語をほめられる。** N ·))) **U3-6**

山田：日本語、お上手ですね。

マン：いえ、まだまだです。

山田：そのくらいできれば、もう勉強する必要はないでしょう。

マン：早くそうなりたいんですけど。

c. **知り合いに走るのをほめられる。** N ·))) **U3-7**

鈴木　：バークさん、走るの速いんですね。驚きました。

バーク：いやー、スポーツは苦手なほうなんですが、走るのだけはなぜか子どものころから速かったんです。

d. **スピーチをゼミの友だちにほめられる。** N ·))) **U3-8**

友だち：とってもいい話でしたよ。

グエン：そうですか。

友だち：ええ、私たち日本人は、無意識にやってるんですけど、やっぱり外から見れば、ああ見られても仕方ないと思いますよ。

グエン：いえ、少し独断的かなと思ったんですけど。

友だち：そんなことないですよ。言ってること、ほんとに当たってますよ。

グエン：そうですか。そう言ってもらえると、うれしいですね。

> 無意識に（むいしきに）unconsciously／无意识地／một cách vô thức
> 独断的な（どくだんてきな）dogmatic; arbitrary／独断的／một cách độc đoán

まとめの練習

1 下線部をうめて、会話を完成させなさい。

(1) 先生の家族に自己紹介をしておみやげを渡す。 F

フラー ： はじめまして。フラーと申します。どうぞよろしくお願いします。

これ、＿＿＿＿＿＿＿＿＿＿＿＿＿＿＿。＿＿＿＿＿＿＿＿＿＿＿＿＿＿＿＿＿が。

ご主人： これは＿＿＿＿＿＿＿＿＿＿＿＿＿＿＿＿＿＿＿＿。

(2) 料理をすすめられる。 F

先生 ： さ、どうぞ。＿＿＿＿＿＿＿＿＿＿＿＿＿＿＿＿＿＿＿＿＿＿＿。

フラー： ありがとうございます。それでは、＿＿＿＿＿＿＿＿＿＿＿＿＿＿＿＿＿。

(3) あいさつをして帰る。 F

フラー： あ、＿＿＿＿＿＿＿＿＿＿＿＿＿＿＿＿＿＿＿＿＿。

＿＿＿＿＿＿＿＿＿＿＿＿＿＿失礼いたします。今日はごちそうさまでした。

相手 ： いえ、何のおかまいもできませんで。

フラー： ＿＿＿＿＿＿＿＿＿＿＿＿＿＿＿＿＿＿＿＿＿。

相手 ： またいらっしゃってください。

フラー： はい。失礼します。

(4) 先生に発表をほめられる。 F

先生 ： すばらしい発表でしたね。

ライト： ＿＿＿＿＿＿＿＿＿＿＿＿＿＿＿＿＿＿＿＿＿。

先生 ： いやあ、着眼点もおもしろいし、分析も深くて……。

ライト： ＿＿＿＿＿＿＿＿＿＿＿＿＿＿＿＿＿＿＿＿＿。

着眼点（ちゃくがんてん）viewpoints／中文翻译／Tiếng Việt

(5) 知り合いに服をほめられる。 F

山下： (キムの服装を見て) あ、すてきですね。

キム： ＿＿＿＿＿＿＿＿＿＿＿＿＿＿＿＿＿＿＿＿＿。

(6) **知り合いに家族をほめられる。** F

川野　：スミスさんのお姉さん、とても優秀だそうですね。
　　　　　　　　　　　　　　　ゆうしゅう

スミス：＿＿＿＿＿＿＿＿＿＿＿＿＿＿＿＿＿＿＿＿＿＿＿＿＿＿＿＿＿。

(7) **先生の講演をほめる。** F
　　　　こうえん

リン　：＿＿＿＿＿＿＿＿＿＿＿＿＿＿＿＿＿＿＿＿＿＿＿＿＿＿＿＿＿。

先生　：そうですか。それはよかった。

(8) **友人のお母さんに日本語をほめられる。** N

友人母：ところでパクさん、本当に日本語が上手ですね。
　　　　　　　　　　　　　　ほんとう

パク　：＿＿＿＿＿＿＿＿＿＿＿＿＿＿＿＿＿＿＿＿＿＿＿＿＿＿＿＿＿。

友人母：＿＿＿＿＿＿＿＿＿＿＿＿＿＿＿＿＿＿＿＿＿＿＿＿＿＿＿＿＿。

パク　：＿＿＿＿＿＿＿＿＿＿＿＿＿＿＿＿＿＿＿＿＿＿＿＿＿＿＿＿＿。

2　訪問してから帰るまでの流れをやってみなさい。相手が言うことも考えなさい。
　　ほうもん

(1) **パートナーの勤め先の上司のお宅をパートナーといっしょに訪問します。**
パートナーは前に一度、来たことがありますが、あなたはその人に会ったことはありません。チャイムを鳴らすところから、あいさつをして帰るところまでをやってみなさい。

(2) **メールで指導をお願いした先生に初めて会いに研究室に行きます。**
　　　　　　　しどう　　　　　　　　　　　はじ
ノックをするところから、あいさつをして帰るところまでをやってみなさい。

(3) **メールで指導をお願いした先生から、先生のゼミに参加してみるように言われました。**
ゼミに参加するのは初めてです。ゼミは先生の研究室で行われます。研究室に行ってノックをするところから、あいさつをして帰るところまでを、自己紹介を含めてやってみなさい。
　　　　　　　　　　　　　　　　　　　　　　　　　　　　　　ふく

勤め先(つとめさき) place of work／工作地点／nơi làm việc
ゼミ seminar／研讨会／hội thảo

3　クラスの人をみんなでほめましょう。ほめられた人は、必要に応じて謙遜をし、その後、受け入れの表
　　　　　　　　　　　　　　　　　　　　　　　ひつよう　おう　　けんそん
　　現で受けてください。

✉ メールを書いてみよう

(1) 先生の自宅を訪問後、感謝を伝える。

件名： ご招待のお礼 [1]
<small>しょうたい れい</small>

山口先生
<small>やまぐち</small>

フラーです。昨日はお宅にご招待いただきありがとうございました。 ◀ お礼
<small>さくじつ たく</small>

先生のお宅にうかがうので少し緊張していましたが、**おかげさまで** ◀ 感想と感謝
<small>きんちょう</small> <small>かんそう</small>
大変楽しい一日を過ごさせていただきました。[2]

ごちそうになったお料理もみな大変おいしかったです。[3]

このような機会をいただいたことに改めてお礼を申し上げます。 ◀ 結び（お礼）
<small>あらた れい もう あ</small>
ご主人にも**よろしくお伝えください。**[4] ◀ 同席した人への
あいさつの依頼
<small>いらい</small>

ナサニエル・フラー

招待する（しょうたいする）to invite／招待／mời　緊張する（きんちょうする）to get nervous／緊張／lo lắng, căng thẳng

(2) 先生の研究室を訪問後、感謝を伝える。

件名： ご指導のお礼
<small>しどう</small>

田口宏先生 [5]
<small>たぐちひろし</small>

先日、研究室におじゃまいたしましたフラーです。 ◀ 名乗り

お忙しいところわざわざお時間をいただき、ありがとうございました。[6] ◀ 招待のお礼

私の研究につきまして、いろいろと貴重なご助言をいただき、また、 ◀ 助言・紹介のお礼
<small>き ちょう じょげん</small>
さまざまな資料もご紹介いただきまして、本当に感謝しております。
<small>しりょう しょうかい</small>

早速、うかがったことにつきまして、もう一度十分に調べ、 ◀ 感想と感謝
<small>さっそく</small>
研究に役立てていきたいと考えております。[7] ◀ 今後の予定報告
<small>やくだ</small> <small>よ ていほうこく</small>

改めまして、お忙しい中、ご指導いただきましたことに ◀ 結び
<small>あらた</small>
感謝申し上げます。[8]

ナサニエル・フラー

貴重な（きちょうな）precious／貴重的／quý giá　感謝する（かんしゃする）to thank; to appreciate／感謝／biết ơn, cảm ơn
早速（さっそく）at once／立即／nhanh chóng　改めまして（あらためまして）again／再次／lại, lần nữa
指導する（しどうする）to guide; to direct; to lead／指导／dạy, hướng dẫn

メールの重要ポイント

1 お礼のメールは、できれば24時間以内に送るとよい。
<small>いない</small>
2 「**おかげさまで**」は使うが、「先生のおかげさまで」は使わない。

3 お礼だけでなく、そのときの感想、思い出話などを書く。

4 同席した人へのあいさつの依頼には「〜にもよろしくお伝えください」を使う。

5 目上の人で、まだ親しくない相手の名前については、姓だけでなく名も書く。

6 自分のために相手が時間をつくってくれたことを感謝する表現として、「お忙しいところ、わざわざお時間を割いて（取って）いただき、ありがとうございました」などを使う。

7 「早速〜たいと考えております／てみようと思います／てみます」などを使って今後の予定を書き、相手の助言が役立ったことを表す。

8 メールを終えるときは、「改めまして感謝申し上げます／改めまして御礼申し上げます」などを使って、最後にもう一度お礼を伝える。

---

1 Thank-you emails should be sent within 24 hours if possible.

2 You can use おかげさまで, but 先生のおかげさまで is not used.

3 In addition to thanking the recipient, also write about your impressions or memories of the occasion.

4 To ask the recipient to give your regards to others who were present, write 〜にもよろしくお伝えください (Please give my regards to ~).

5 When writing to a superior or someone you don't know well, write both their family name and given name.

6 One expression used to thank someone for taking time out of their schedule for you is お忙しいところ、わざわざお時間を割いて（取って）いただき、ありがとうございました.

7 Convey how the recipient's advice benefitted you by using expressions such as 早速〜たいと考えております／てみようと思います／てみます to explain how you plan to put the advice to use.

8 Conclude the email by thanking the person again, using expressions such as 改めまして感謝申し上げます／改めまして御礼申し上げます.

---

1 表示感谢的邮件最好在24小时内发送。

2 平时会使用"おかげさまで"，但不使用"先生のおかげさまで"。

3 除了感谢以外，还应写下当时的感想和回忆等。

4 委托对方向其他当时在场人员传达问候时，使用"〜にもよろしくお伝えください"。

5 对于还不熟悉的前辈或级别较高的人的名字，不仅要写姓，还要写名。

6 感谢对方为自己抽出时间时，使用"お忙しいところ、わざわざお時間を割いて（取って）いただき、ありがとうございました"等。

7 使用"早速〜たいと考えております／てみようと思います／てみます"等描述今后的计划，来表示对方的建议很有帮助。

8 在邮件结尾，使用"改めまして感謝申し上げます／改めまして御礼申し上げます"等，在最后再次表示感谢。

---

1 Email cảm ơn thì nên gửi trong vòng 24 tiếng.

2 Sử dụng "おかげさまで" nhưng không sử dụng "先生のおかげさまで".

3 Không chỉ cảm ơn mà viết cả cảm tưởng, câu chuyện về kỷ niệm khi đó v.v.

4 Sử dụng "〜にもよろしくお伝えください (Vui lòng cho tôi gửi lời thăm ~)" khi nhờ người cùng tham dự gửi lời chào.

5 Đối với tên của người ở vị trí cao hơn mình và chưa thân thiết thì viết cả họ lẫn tên.

6 Để diễn tả lòng biết ơn về việc đối phương đã dành thời gian cho mình, sử dụng "お忙しいところ、わざわざお時間を割いて（取って）いただき、ありがとうございました" v.v.

7 Sử dụng "早速〜たいと考えております／てみようと思います／てみます" v.v. để viết dự định sắp tới và diễn đạt lời khuyên của đối phương rất có ích.

8 Khi kết thúc email, sử dụng "改めまして感謝申し上げます／改めまして御礼申し上げます" v.v. để cuối cùng nói lời cảm ơn một lần nữa.

✒ 書いてみよう

1. 知り合いからホームパーティーに誘われ、参加しました。お礼のメールを書きなさい。

2. 大学の研究室の先輩と飲みに行き、先輩が支払いをしてくれました。お礼のメールを書きなさい。

3. 山田先生に、先生の研究室に誘ってもらいました。早速研究室に行き、自分の研究の方法についての貴重な助言をもらいました。後日、山田先生にお礼のメールを書きなさい。

誘う（さそう）to invite／邀请／mời　　助言（じょげん）advice／建议／khuyên bảo

Let's Challenge!

ロングさんの会話の進め方には問題があります。問題点を考えなさい。

1

一郎　：あ、はじめまして。夫の一郎です。今日はようこそお越しくださいました。

ロング：あ、はじめまして。私がロングと申します。どうぞよろしくお願いします。これはとてもおいしいので、みなさんにさしあげます。どうぞ。

一郎　：あ、はい……、ありがとうございます。さあ、どうぞこちらへ。

2

ロング：あ、もう遅いので帰ります。お好み焼き、ごちそうさまでした。

先生　：あ、そうですか……。気に入っていただけてよかった。

ロング：いろいろお話を聞かれていただいて、本当に楽しかったです。

先生　：あ、はい、こちらこそ楽しかったです。

ロング：では失礼しました。

先生　：いいえ。またいらっしゃってください。では気をつけて。

3

先生　：ロングさん、その時計、すてきですね。

ロング：いえ、まだまだです。

4

ロング：先生の教え方、とても上手でした。

先生　：あ、そうですか……。

おかげさまで

報告する・お礼を言う・謝罪する
ほうこく　　　　れい　　　　しゃざい

ユニットの目標

◎ 報告をかねてお礼を言って、手みやげを渡したりすることができる。
ほうこく　　　　れい　　　　　　　　　　わた

I can express gratitude when reporting something, and can present a gift to someone.／能够在报告时表示感谢，并赠送伴手礼。／
Có thể nói cảm ơn kết hợp báo cáo, trao quà.

◎ クラスの欠席、返事の遅れなど、相手に迷惑をかけたことを謝罪することができる。
けっせき　　　　　　　おく　　　　　あいて　　めいわく　　　　　　　　　しゃざい

I can apologize for inconveniencing someone due to missing class, being late in responding, etc.／能够对缺课、晚回复等给对方造成
不便的情况表示歉意。／Có thể xin lỗi về việc đã làm phiền đối phương do nghỉ học, trả lời muộn v.v.

場面1 奨学金の結果報告をする・お礼を言う
ばめん　しょうがくきん　　けっかほうこく　　　　　れい

A やってみよう

1. あなたは奨学金の推薦状を先生に書いてもらいました。その結果、奨学金
しょうがくきん　すいせんじょう
がもらえることになり、来年1年間、東京大学の鈴木先生のもとで研究が
すずき　　　　　　けっ
できることになりました。それを先生に報告してお礼を言いなさい。
ほうこく　　　れい

奨学金(しょうがくきん) scholarship／奖学金／học bổng
推薦状(すいせんじょう) recommendation letter／推荐信／thư giới thiệu
〜のもとで under (the guidance of) 〜／在〜之下／dưới sự 〜

2. モデル会話1を聞いて、下の **基本** 部分の下線部をうめなさい。
きほん　ぶぶん　かせんぶ

🔊 **U4-1**

基本 4-1

グプタ：あのう、先日、＿＿＿＿＿＿＿＿＿＿＿＿＿＿＿＿＿＿＿。

先生　：あ、はいはい、どうなりました？

グプタ：＿＿＿＿＿＿＿、奨学金、＿＿＿＿＿＿＿＿＿＿＿＿＿。
しょうがくきん

先生　：あ、そうですか、よかったですね。

グプタ：はい、一年間、東京大学の鈴木先生＿＿＿＿＿＿＿＿＿＿＿＿。
とうきょう　　すずき

先生　：あ、そう。よかったですね。がんばってくださいね。

グプタ：＿＿＿＿＿＿＿＿＿。＿＿＿＿＿＿＿＿＿＿＿＿＿＿。

3. 次のページの **基本** 部分を見て、1で自分が考えた表現とどのような点が違うかを確認しなさい。
つぎ　　　　　　　きほん　　　　　　　　　　　　　　　　　　ひょうげん　　　　　　　ちが　　　　かくにん

71

B 基本部分を確認しよう

で囲んだ **基本** 部分に注意して、スクリプトを見ながらもう一度モデル会話1を聞きなさい。 •))) **U4-1**

> グプタ① ：先生、今ちょっとよろしいでしょうか。
>
> 先生❶ ：あ、はい、なんでしょうか。
>
> グプタ② ：あのう、先日、先生に書いていただいた推薦状のことなんですが。　基本 4-1
>
> 先生❷ ：あ、はいはい、どうなりました？
>
> グプタ③ ：おかげさまで、奨学金、無事にもらえることになりました。
>
> 先生❸ ：あ、そうですか、よかったですね。
>
> グプタ④ ：はい、一年間、東京大学の鈴木先生のもとで研究できそうです。
>
> 先生❹ ：あ、そう。よかったですね。がんばってくださいね。
>
> グプタ⑤ ：はい、がんばります。本当にありがとうございました。

基本部分の流れと表現

報告してお礼を言うときの **基本** 部分の流れと表現を確認しなさい。

グプタ

②	**話題の提示**	**F** あのう、～のことなんですが
		N この前の～の件なんですが
		C ～のことなんだけど
③	**結果の報告**	**F N** おかげさまで～ことになりました（良い結果）
		F N せっかく～のに申し訳ありません／すみません（悪い結果）
		F N C それが……。（悪い結果）
		C ～よ
⑤	**お礼**	**F N** 本当にありがとうございました
		C ありがとう

72

基本部分の重要ポイント

基本4-1 の流れを使って、重要ポイントを確認しなさい。 **F**

うまくいった場合

			基本 4-1
話題の提示	グプタ②：あのう、＿＿（話題）＿＿のことなんですが。 [1]		
	先生❷　：あ、はいはい、どうなりました？		
結果の報告	グプタ③：おかげさまで [2]、＿＿（結果）＿＿ことになりました [3]。		
	先生❸　：あ、そうですか、よかったですね。		
	グプタ④：はい、＿＿（詳しい内容）＿＿。		
	先生❹　：あ、そう。よかったですね、がんばってくださいね。		
お礼	グプタ⑤：はい、がんばります。 [4] ＿＿（お礼）＿＿。 [5]		

うまくいかなかった場合

話題の提示　　グプタ②：あのう、＿＿（話題）＿＿のことなんですが。 [1]

　　　　　　　　　先生❷　：あ、はいはい、どうなりました？

結果の報告　　グプタ③：それが、残念ながら＿＿（結果）＿＿（できません）でした。 [6]

　　　　　　　　　先生❸　：あ、そうですか、残念ですね。

　　　　　　　　　グプタ④：せっかく＿＿（してもらったこと）＿＿していただいたのに、申し訳ありません。 [6]

　　　　　　　　　先生❹　：いえいえ。

　　　　　　　　　グプタ　：次にがんばりたいと思います。またお時間のある時にご相談してもよろしいですか。

　　　　　　　　　先生　　：ええ、もちろん。

お礼　　　　　グプタ⑤：＿＿（お礼）＿＿。 [5]　またよろしくお願いいたします。

[1] まずトピックを示し、いきなりお礼を言わない。

[2] 報告するときは、「おかげさまで」「〜のおかげで」を使うことが多い。「〜のおかげさまで」は使わない。

[3] 自分が決めたことではないので、「ことにしました」ではなく「ことになりました」を使う。

[4] 「がんばってくださいね」に対する返事として「はい、がんばります」「はい、ありがとうございます」「なんとかやってみます」などを使う。

[5] 最後にもう一度お礼を言う。

[6] うまくいかなかった場合は、「それが…」や「残念ながら…」を使う。（→D 聞いてみよう a）

[1] Instead of abruptly expressing your thanks, first bring up to subject.

[2] おかげさまで and 〜のおかげで are often used when reporting the outcome. 〜のおかげさまで is not used.

C 練習しよう

1. モデル会話1を聞いて、グプタのパートがすらすら言えるように練習しなさい。

2. **基本4-1** を使って練習しなさい。

   (1) 第一希望の大学院に合格したことを、推薦状を書いてくれた先生に報告しお礼を言う。

   第一希望（だいいちきぼう）first choice／第一希望／nguyện vọng 1
   合格する（ごうかくする）to pass／合格／thi đậu

   (2) 就職面接に合格したことを、仕事を紹介してくれた先輩に報告しお礼を言う。

   (3) 奨学金に申し込んだがだめだったことを、先生に報告する。

   (4) 教えてもらった図書館に行ったら本がなかったことを、先生に報告しお礼を言う。

D 聞いてみよう

基本4-1 を使ったいろいろなバリエーションを聞いてみましょう。

a. **先輩に、就職面接がうまくいかなかったことを報告する。** F   •))) **U4-2**

スミス：あ、山本さん。

山本　：あ、スミスさん、面接の結果、どうだった？

スミス：それが……。

山本　：だめだったか……。

スミス：はい……。なんか、もっと経験のある人がほしかったみたいで……。

山本　：そうか……。

スミス：山本さんには履歴書も見ていただいたのに、すみません。

山本　：いやいや、いいんだよ。それにしても、あの会社も見る目がないなあ。

スミス：いやあ、まあ、なんか、力不足だったみたいで……。でも、まだほかの会社の面接も
　　　　ありますので、また、がんばります。

山本　：そうだね。次、次。

スミス：またお時間のある時に、ご相談してもいいですか。

山本　：うん、全然、問題ないよ。いつでも言って。

スミス：ありがとうございます。またよろしくお願いします。

力不足（ちからぶそく）not skilled enough／能力不足／thiếu sức mạnh, không đủ năng lực

b. **会社の先輩に旅行の報告をする。** N   •))) **U4-3**

グエン：あ、おはようございます。

田中　：おはようございます。あら、京都から帰ってきたの？

グエン：はい、きのうの夜に帰ってきました。

田中　：あ、そう。どうだった？

グエン：本当にすばらしかったです。教えてもらったカフェにも行ったんですが、ケーキもおい
　　　　しくて、ムードもよくてすてきなところでした。教えてくださってありがとうござ
　　　　いました。

田中　：あ、あのカフェ込んでたでしょう？　人気があるから。

グエン：たまたまタイミングがよかったのか、10分ぐらいで入れました。

田中　：あ、そう、ラッキーだったね。

グエン：はい、あ、それで、これ、少しなんですけど……。（クッキーを差し出す）

田中　：ええ、いただいちゃっていいの？　あ、あのカフェのじゃない！　ありがとう、うれしい。

グエン：いえいえ、こちらこそすてきなところをご紹介いただいて、本当によかったです。あ
　　　　りがとうございました。

c. すすめられた本を読んだ報告をする。 C •))) U4-4

キム：あ、橋本さん。
　　　　はしもと

橋本：はい。

キム：あの本、読んだよ。

橋本：あ、そうですか、どうでしたか。

キム：うん、なかなかおもしろかった。ちょっと村上春樹みたいだね。
　　　　　　　　　　　　　　　　　　　　　　むらかみはるき

橋本：そうですか、すごく人気のあった本なんですよ。

キム：うん、人気があるのもわかる気がする。ラストがちょっと意外だよね。

橋本：そうそう、映画化もされるらしいんですよ。
　　　　　　　えいがか

場面2 遅刻したことを謝罪する
ち こく　　　　　　　　　　しゃざい

A やってみよう

1. あなたは、朝、電車で事故がありクラスに遅刻してしまいました。そのこと
じ こ　　　　　　　　　　　　　　ち こく
を授業の後、先生に謝ります。
あやま

遅刻する（ちこくする）to be late／迟到／đến muộn, trễ giờ
謝る（あやまる）to apologize／致歉／xin lỗi

2. モデル会話2を聞いて、下の **基本** 部分の下線部をうめなさい。　　　　　•)) **U4-5**

基本 **4-2**

ジャド：あ、先生、今日は＿＿＿＿＿＿＿＿＿＿＿＿＿＿＿＿＿＿＿。

先生　：はい、どうしました？

ジャド：実は、＿＿＿＿＿＿＿＿＿＿＿＿＿＿＿＿＿＿＿＿＿＿。
じっ

先生　：あ、事故でしたか。大変でしたね。
じ こ

ジャド：ええ、電車の中で1時間も待たされてしまいました。

先生　：そうでしたか。

ジャド：＿＿＿＿＿＿＿＿＿＿＿＿＿＿＿＿＿＿＿。

先生　：いえいえ。

3. 次のページの **基本** 部分を見て、1で自分が考えた表現とどのような点が違うかを確認しなさい。

で囲んだ **基本** 部分に注意して、スクリプトを見ながらもう一度モデル会話2を聞きなさい。 •))) **U4-5**

ジャド① ：あ、先生、今日は遅刻をしてしまいまして、申し訳ありませんでした。　　**基本 4-2**
　　　　　　　　　　　　　　　　　　　　　　　　　　もう　わけ
先生❶　　：はい、どうしました？

ジャド② ：実は、電車が事故で遅れてしまいまして。

先生❷　　：あ、事故でしたか。大変でしたね。

ジャド③ ：ええ、電車の中で1時間も待たされてしまいました。

先生❸　　：そうでしたか。

ジャド④ ：本当に申し訳ありませんでした。
　　　　　　ほんとう
先生❹　　：いえいえ。

基本部分の流れと表現

謝罪するときの **基本** 部分の流れと表現を確認しなさい。

ジャド

| ① | **声かけ** | **F** **N** あ、先生 |
| | | **C** （名前） |

①	**謝罪** しゃざい	**F** 〜て、申し訳ありません（でした）
		F **N** 〜てすみません（でした）
		C 〜てごめん

② ③	**詳細・事情の説明** しょうさい　じじょう	**F** **N** 実は、〜
		N うっかり〜てしまいました
		C 〜て／〜で

④	**謝罪**	**F** 本当に申し訳ございません（でした）
		F **N** 本当に申し訳ありません（でした）
		F **N** 本当にすみません（でした）
		C ごめん、気をつける

事情（じじょう）reason／理由／lý do, sự tinh

基本部分の重要ポイント

基本**4-2** の流れを使って、重要ポイントを確認しなさい。 **F**

声かけ・謝罪	ジャド①	：あ、先生、＿＿＿（謝罪）＿＿＿。 □1
	先生❶	：はい、どうしました？
詳細・事情の説明	ジャド②	：実は、＿＿＿（詳細・事情の説明）＿＿＿。 □2
	先生❷	：あ、事故でしたか。大変でしたね。
	ジャド③	：ええ、＿＿＿（詳細・事情の説明）＿＿＿。 □3〜□6
	先生❸	：そうでしたか。
謝罪	ジャド④	：＿＿＿（謝罪）＿＿＿。 □7□8
	先生❹	：いえいえ。 □9

□1 まず謝り、それから「**実は**」から始まる文で理由を説明することが多い。相手が事情を知らない場合、状況を説明してから謝ることもある。（→D 聞いてみよう e）

□2 理由は簡潔に言う。自分に失敗の原因がある場合に、自分の失敗ではないということを強調しない。

□3 詳細・事情の説明をするときは、申し訳なく思っていて言いにくいというようすを表すため、文の途中で切って、相手の反応を見ながら少しずつ言葉を出す。

□4 相手にどのぐらい迷惑をかけたかを考えて、表現のていねいさを調整する。

□5 相手に大変迷惑をかけてしまったときは、今後の対策（「**二度としないよう気をつけます**」など）を最後に付け加える。

□6 原因を追究し、対策を立てて、相手に伝えることもある。

例：私が確認しなかったのがいけなかったのだと思います。今後、このようなときは、必ずもう一度確認するようにします。

□7 最後にもう一度謝る。

□8 「**申し訳ありません**」とは違い、「**申し訳ありませんでした**」は、前に起きたことに対して謝罪する時に使う。会話の終わりにも使うことが多い。

□9 謝罪を受ける側は、謝罪をする側の気が楽になるような一言を加えることが多い。

例：「**大丈夫です**」「**心配しないでください**」「**気にしないでください**」など

□1 The common approach is to first apologize and then explain the reason with a statement that begins with 実は. (→D 聞いてみよう e)

□2 Explain the reason concisely. If you were at fault for the failure, don't try to shift the blame.

□3 When explaining the details or circumstances behind the failure, you can convey how sorry you feel and how hard it is to talk about it by inserting short pauses to break up the sentences into smaller pieces and gauge the listener's reaction.

□4 Choose the level of politeness of speech that matches the degree of trouble you think you have caused to the listener.

□5 If you have seriously inconvenienced or upset the listener, end your explanation with a remark about how you will do things differently from now on, using an expression like 二度としないよう気をつけます (I will be careful not to let it happen again).

□6 In some cases, you may want to tell the listener what you think was the cause of the issue, and the actions you will take in response.

Example: 私が確認しなかったのがいけなかったのだと思います。今後、このようなときは、必ずもう一度確認するようにします。 (The problem was that I didn't check it. From now on, I'll be sure to check things twice in similar situations.)

□7 Apologize again at the end of the exchange.

□8 In contrast with 申し訳ありません, 申し訳ありませんでした is used to apologize only for things that have already happened. It is also often used at the end of a conversation.

9 Often, a person receiving an apology will say something to comfort the apologizer.
Examples: 大丈夫です (It's okay), 心配しないでください (Don't worry about it), 気にしないでください (Forget about it)

---

1 要先道歉，然后通常会使用"実は"开头的句子说明理由。如果对方不了解情况，也可以说明情况后再道歉。(→D 聞いてみよう e)

2 理由应简明扼要。如果失败和自己有关，不要强调不是自己的失败。

3 说明具体内容和情况时，为了表示觉得有愧、难以启齿的姿态，应中途断句，在观察对方反应的同时，慢慢说出词句。

4 应考虑给对方带来了多大的麻烦，并调整表达方式的礼貌程度。

5 如果给对方造成了极大的麻烦，应在最后加上今后的对策（"二度としないよう気をつけます〔我会注意不再犯〕"等）。

6 还可以追踪原因，制定对策并向对方传达。
例如：私が確認しなかったのがいけなかったのだと思います。今後、このようなときは、必ずもう一度確認するようにします。（我认为我没有确认是不对的。今后，如果发生这种情况，一定会再次确认。）

7 最后再次道歉。

8 和"申し訳ありません"不同，"申し訳ありませんでした"用于对之前发生的事情赔礼道歉。也经常会使用在会话结束的时候。

9 接受道歉的一方，为了让道歉的对方好受一些，往往会补充一句。
例如："大丈夫です（没关系）"、"心配しないでください（别担心）"、"気にしないでください（别在意）"等

---

1 Trước tiên là xin lỗi, sau đó giải thích lý do bằng câu bắt đầu từ "実は". Trường hợp đối phương không biết sự tình thì cũng có thể xin lỗi sau khi giải thích tình trạng. (→D 聞いてみよう e)

2 Nói lý do một cách ngắn gọn. Trường hợp bản thân có nguyên nhân thất bại thì không nhấn mạnh việc không phải thất bại của mình.

3 Khi giải thích chi tiết, sự tình, để diễn tả tình trạng cảm thấy có lỗi, khó nói thì ngắt ở giữa câu, vừa nhìn phản ứng của đối phương vừa nói từng chút một.

4 Suy nghĩ mình đã làm phiền đối phương ở mức độ nào rồi để điều chỉnh mức độ lịch sự của cách diễn đạt.

5 Khi đã lỡ làm phiền đối phương rất nhiều, thêm biện pháp sắp tới vào cuối ("二度としないように気をつけます (Tôi sẽ cẩn thận để không lặp lại lần thứ hai) v.v.).

6 Cũng có khi truy tìm nguyên nhân, đưa ra biện pháp và truyền đạt lại với đối phương.
Ví dụ: 私が確認しなかったのがいけなかったのだと思います。今後、このようなときは、必ずもう一度確認するようにします。(Em biết là mình không tốt khi không kiểm tra. Từ nay về sau, những lúc như thế này em sẽ chắc chắn kiểm tra lại lần nữa).

7 Cuối cùng, xin lỗi lại một lần nữa.

8 Khác với "申し訳ありません", "申し訳ありませんでした" được sử dụng khi xin lỗi về việc đã xảy ra trước đó. Thường dùng ở cuối đoạn hội thoại.

9 Phía được xin lỗi thì thường nói thêm một tiếng để người xin lỗi cảm thấy thoải mái.
Ví dụ: "大丈夫です (Không sao đâu)", "心配しないでください (Đừng lo lắng)", "気にしないでください (Đừng bận tâm)" v.v.

基本の表現とていねい度

F フォーマル	**N** ニュートラル	**C** カジュアル
誠に／大変／本当に 申し訳ございません	大変／本当に 申し訳ありません	申し訳ない
	すみませんでした	すまない／すまん
	失礼しました	失礼
		わるかった／わるい
		ごめんなさい／ごめん
		ゆるして

C 練習しよう

1. モデル会話2を聞いて、ジャドのパートがすらすら言えるように練習しなさい。

2. **基本4-2** を使って、【　　】の相手に謝る練習しなさい。

(1) 【**先生に**】宿題をやってくるのを忘れてしまった。

(2) 【**上司に**】忘れ物を取りに帰って遅刻してしまった。

(3) 【**友だちに**】メールの返事を書くのを忘れてしまった。

(4) 【**友だちに**】借りた本にコーヒーをこぼしてしまった。

D 聞いてみよう

基本4-2 を使ったいろいろなバリエーションを聞いてみましょう。

a. **会う約束を忘れたことを先生に謝る。** **F**　　　　　　　　　　　•») **U4-6**

リーブ：先生。

先生　：はい、ああ、リーブさん。

リーブ：きのうは本当に申し訳ありませんでした。（頭を下げる）

先生　：あ、はいはい。どうしたんです？

リーブ：ちゃんと手帳に書いてあったんですが、手帳を家に置いてきてしまって、先生との約
　　　　束をうっかり忘れて帰ってしまいました。

先生　：まあ、いいですよ。でも今度から気をつけてくださいね。

リーブ：本当にすみませんでした。二度とこのようなことがないように気をつけます。

先生　：そうですね、気をつけてくださいね。

リーブ：はい、申し訳ありませんでした。

手帳（てちょう）planner／手帳、笔记／sổ tay

81

b. 寝坊をして遅刻することをアルバイト先に電話で謝る。 F　　　　　　•)) U4-7

田中　　：はい、田中です。

マロフ：あ、田中さん、ご連絡が遅くなりまして大変申し訳ありません。

田中　　：あ、マロフさん、どうしたの？ 来ないから心配してたよ。

マロフ：はい、大変お恥ずかしいのですが、目覚まし時計をセットするのを忘れてしまいまして。

田中　　：ああ、寝坊。

マロフ：はい、本当にすみません。

田中　　：今から来られそう？

マロフ：はい、これからすぐに家を出ますので、１時間後には着けると思います。

田中　　：そうですか、じゃ、気をつけて来てね。

マロフ：はい、本当に申し訳ありませんでした。今後は絶対にこのようなことがないように気
　　　　　をつけます。

寝坊（ねぼう）oversleeping／睡过头／sự ngủ nướng

c. 謝罪を受け入れる。 F　　　　　　　　　　　　　　　　　　　　　•)) U4-8

山本　　：あ、カーンさん。

カーン：あ、はい。

山本　　：本当に申し訳ない。

カーン：えっ。

山本　　：提出してくれたレポートなんだけど、読んでいる時にコーヒーこぼしちゃって。

カーン：あ……。

山本　　：本当にすみません。ちょっと読みにくくなってしまって申し訳ないんだけど……。

カーン：あ、いえいえ、大丈夫です。どうぞお気になさらないでください。

d. すぐに返信しなかったことを怒っている先生に謝罪する。 F　　　　•)) U4-9

先生　　：ちょっと、クインさん。

クイン：はい。

先生　　：どうしてすぐに返信してくれないんですか。

クイン：はい、すみません。

先生　　：私、今、プロジェクトを３つも抱えていて、忙しいんです。すぐに返信をしてくれな
　　　　　いと困るんです。

クイン：はい、本当に申し訳ありません。これからはすぐにお送りします。

e. 相手が事情を知らないので、事情を説明してから謝る。 **F**　　　　　·))) U4-10

山田：今、ちょっとよろしいでしょうか。

部長：はい。どうぞ。

山田：来月の名古屋への出張の件なのですが。

部長：はい、どうしたんですか。

山田：はい、実は、同じ日に仙台での会議に出席する予定を入れていたことに気がつきまして、
　　　そちらの会議にはどうしても出席しなければなりません。

部長：ああ、そうですか。

山田：それで、名古屋のほうは私が行くことは難しくなってしまいました。私の不注意で大変
　　　申し訳ありません。

部長：わかりました。それならほかに行ける人を探してみます。

出張(しゅっちょう) business trip／出差／chuyến công tác
不注意(ふちゅうい) carelessness／粗心／sự bất cẩn

f. ルームメイトにマナーを注意されて謝る。 **C**　　　　　·))) U4-11

山中：ちょっと、アンさん。

アン：はい。

山中：私の牛乳、飲んだでしょ。

アン：えっ、あれ、山中さんのだったの？

山中：そうです。

アン：マロフさんのかと思ったよ。マロフさんが飲んでいいって言ってたから。ごめんごめん。

山中：ちゃんと名前、よく見てくださいね。

アン：本当にごめん。今度買ってくるよ。

まとめの練習

1 下線部をうめて、会話を完成させなさい。

(1) **日本語能力試験の結果を先生に報告する。** F

学生：あ、先生。

先生：はい。

学生：あのう、この間の＿＿＿＿＿＿＿＿＿＿＿＿＿＿＿＿＿＿＿。

先生：はい、どうでした？

学生：＿＿＿＿＿＿＿＿＿＿＿＿＿＿＿＿＿＿＿＿＿＿＿＿＿＿＿。

先生：そうですか。

(2) **先輩の吉田さんにすすめられた映画を見に行ったことを報告する。** N

リー：あ、吉田さん。

吉田：ああ、リーさん。

リー：＿＿＿＿＿＿＿＿＿＿＿＿＿＿＿＿＿＿＿＿＿＿＿＿＿＿＿。

吉田：あ、そう、どうだった？

リー：＿＿＿＿＿＿＿＿＿＿＿＿＿＿＿＿＿＿＿＿＿＿＿＿＿＿＿。

吉田：そう。

(3) **ルームメイトのマグカップを割ってしまったことを謝る。** C

ミラー：あ、佐久間さん。

佐久間：はい。

ミラー：＿＿＿＿＿＿＿＿＿＿＿＿＿＿＿＿＿＿＿＿＿＿＿＿＿。

佐久間：ええー!!　あれ、気に入っていたのに！

ミラー：＿＿＿＿＿＿＿＿＿＿＿＿＿＿＿＿＿＿＿＿＿＿＿＿＿。

佐久間：うーん、ま、しょうがないか。

(4) **図書館の本を汚してしまったことを謝る。** **F**

クワン　　　：あのう、すみません。

図書館の人：はい。

クワン　　　：この本、こちらでお借りしたのですが、＿＿＿＿＿＿＿＿＿＿＿＿＿＿＿＿＿＿＿。

図書館の人：あ、そうですか。

クワン　　　：＿＿＿＿＿＿＿＿＿＿＿＿＿＿＿＿＿＿＿＿＿＿。

図書館の人：あ、大丈夫ですよ。これからお気をつけくださいね。

2 それぞれの相手に、報告を兼ねてお礼を言いなさい。

(1) **相手：** 先生

　　内容： 先生に推薦状を書いてもらった。その大学院に合格した。

(2) **相手：** 会社の先輩

　　内容： プレゼンの準備を手伝ってもらった。プレゼンが無事に終わった。

(3) **相手（相手を考えなさい）：** ＿＿＿＿＿＿＿＿＿＿＿＿＿＿＿＿＿＿＿＿＿＿＿＿

　　内容（場面を考えなさい）： ＿＿＿＿＿＿＿＿＿＿＿＿＿＿＿＿＿＿＿＿＿＿

プレゼン presentation／推介会／bài thuyết trình

3 それぞれの相手に、謝罪をしなさい。

(1) **相手：** 先生

　　内容： 今週、先生と会う約束をしていたが、急な用事ができて行けなくなった。

(2) **相手：** 先輩

　　内容： 勉強会を企画して、先輩をゲストスピーカーとして呼んだ。しかし、その日は、場所が借りられず、延期することになった。

企画する（きかくする）to plan; to organize／规划／lên kế hoạch
延期する（えんきする）to postpone／延期／hoãn

(3) **相手（相手を考えなさい）：** ＿＿＿＿＿＿＿＿＿＿＿＿＿＿＿＿＿＿＿＿＿＿＿＿

　　内容（場面を考えなさい）： ＿＿＿＿＿＿＿＿＿＿＿＿＿＿＿＿＿＿＿＿＿＿

✉ メールを書いてみよう

(1) 推薦状を書いてくれた先生に報告を兼ねてお礼を言う。

件名： 奨学金の結果のご報告

山川太郎先生

先日はお忙しいところ、フルブライト奨学金の推薦状を書いていただ
きありがとうございました。　　　　　　　　　　　　　　◀ お礼

おかげさまで、1年間の奨学金がもらえることになりましたので、
ご報告いたします。　　　　　　　　　　　　　　　　　　◀ 報告

来年の9月から、京都大学の橋本先生のもとで研究をする予定です。　◀ 予定など
その間に横浜に行くこともあるかと思いますが、その時は**お目にかか
りたく存じます。**[1]

先生ももし京都にいらっしゃることがあれば、ご案内しますので、
ぜひご**一報いただければと思います。**[2]

本当にありがとうございました。　　　　　　　　　　　　◀ お礼

今後ともご指導くださいますようお願い申し上げます。[3]　◀ 結び

ミシェル・ゴールドバーグ

一報する（いっぽうする）to drop someone a line／通知／báo cáo ngắn gọn
今後とも（こんごとも）from now on／今后（也）／từ giờ trở đi

(2) 先生に、欠席することを前もってお詫びする。

件名： 欠席のお詫び

鈴木先生

午後のクラスのリュウです。　　　　　　　　　　　　　　◀ 名乗り
いつもご指導いただきありがとうございます。

実は、先日祖母が倒れまして、あさって帰国することになりました。　◀ 状況説明
それで、来週のクラスで発表をする予定でしたが、
どうしても休まなければいけなくなってしまいました。

先生をはじめクラスの皆さんにもご迷惑をおかけして　　　◀ お詫び
本当に申し訳ありません。[4][5]

取り急ぎお詫び申し上げます。[6]　　　　　　　　　◀ 結び

エイミー・リュウ

メールの重要ポイント

1. 「お目にかかりたく存じます」は「お目にかかりたいと思います」のフォーマルな表現。
2. 「〜いただければと思います」は、間接的でていねいな依頼の表現。
3. 最後には「今後ともご指導くださいますようお願い申し上げます」のような形で、あいさつで終わると印象がよい。
4. その他の書き言葉のお詫び表現：「深くお詫び申し上げます」「心よりお詫び申し上げます」「何卒お許しいただけますようお願い申し上げます」など
5. 自分の都合で迷惑がかかるのを心配している時、メールの中で代案を提案することもできる。この場面では、例えば以下のように言うことができる。
   例：私の代わりにスミスさんに発表をかわってもらうことは可能でしょうか。今日スミスさんに聞いてみたところ、できると言ってくれました。
6. 「取り急ぎ」は、急いで必要なことだけ伝えるときの表現。

---

1. お目にかかりたく存じます is a formal way of saying お目にかかりたいと思います.
2. 〜いただければと思います is used to politely and indirectly make a request.
3. You can create a better impression if you close out the email with a respectful expression like 今後ともご指導くださいますようお願い申し上げます (Please continue providing me with your guidance).
4. Other expressions of apology used in writing: 深くお詫び申し上げます (I deeply apologize), 心よりお詫び申し上げます (I sincerely apologize), 何卒お許しいただけますようお願い申し上げます (Please forgive me), etc.
5. In cases where you are concerned that you will inconvenience someone to serve your needs, you can suggest a possible workaround in your message. For example, a suggestion like the following could be made in this email: 私の代わりにスミスさんに発表をかわってもらうことは可能でしょうか。今日スミスさんに聞いてみたところ、できると言ってくれました。
6. 取り急ぎ is used when quickly communicating just the essential information of some matter.

---

1. "お目にかかりたく存じます" 是 "お目にかかりたいと思います" 的正式表达方式。
2. "〜いただければと思います" 是一种间接、礼貌的委托表达方式。
3. 最后以类似 "今後ともご指導くださいますようお願い申し上げます（今后也恳请赐教）" 的形式，使用问候语结尾会给人留下良好印象。
4. 其他书面道歉表达方式："深くお詫び申し上げます（向您深表歉意）"、"心よりお詫び申し上げます（由衷向您道歉）"、"何卒お許しいただけますようお願い申し上げます（还望能获得您的原谅）" 等
5. 担心因自己的原因而给对方带来麻烦时，也可以在邮件中提出其他代替方案。在这种情况下，可以使用类似如下说法。私の代わりにスミスさんに発表をかわってもらうことは可能でしょうか。今日スミスさんに聞いてみたところ、できると言ってくれました。
6. "取り急ぎ" 是急着只传达必要事项时候使用的表达方式。

---

1. "お目にかかりたく存じます" là cách diễn đạt trang trọng của "お目にかかりたいと思います".
2. "〜いただければと思います" là cách diễn đạt đề nghị / nhờ lịch sự một cách gián tiếp.
3. Cuối cùng, kết thúc bằng câu chào như "今後ともご指導くださいますようお願い申し上げます (Từ nay về sau, em rất mong thầy / cô lại dạy dỗ / chỉ bảo em)" thì sẽ tạo ấn tượng tốt.
4. Các cách diễn đạt xin lỗi trong văn viết khác: "深くお詫び申し上げます (Em xin lỗi sâu sắc)", "心よりお詫び申し上げます (Từ đáy lòng mình, em xin lỗi thầy / cô)", "何卒お許しいただけますようお願い申し上げます (Rất mong thầy / cô tha lỗi cho em ạ)" v.v.
5. Khi lo lắng việc mình làm phiền vì sự thuận tiện của mình, có thể đề xuất phương án thay thế trong email. Ở tình huống này, ví dụ có thể nói như sau. 私の代わりにスミスさんに発表をかわってもらうことは可能でしょうか。今日スミスさんに聞いてみたところ、できると言ってくれました。
6. "取り急ぎ" là cách diễn đạt khi gấp gáp, chỉ nói điều cần thiết.

✎ 書いてみよう

1. 先生に、奨学金を申請するための言語評価書を書いてもらいました。結果を報告してお礼を言いなさい。

2. 先輩の田中さんとお昼を食べに行く約束をしていました。用事ができて行けなくなったことを伝えて謝りなさい。

ロングさんの会話の進め方には問題があります。問題点を考えなさい。

1

ロング：山下先生、ありがとう！

山下　：えっ、何ですか。

ロング：先生のおかげさまで、奨学金、いただきます。

山下　：ああ、そうですか、よかったですね。

ロング：ええ、間に合ってよかったです。

山下　：今度は締め切りの直前じゃなくて、もっと前に言ってくださいね。

ロング：あ、ごめんなさい。気をつけます。

2

ロング：先生、雨が降っていたので、駅に着くのが遅くなってしまって、
　　　　いつもの電車に乗り遅れたんです。

田中　：ああ、そうですか…。

ロング：それで、その後に来る電車が5分も遅れて、すごく込んでいて大
　　　　変でした。何かあったんでしょうか。

田中　：ああ、そうですか、大変でしたね。何があったんでしょうね。

よろしければやりましょうか

助力を申し出る／断る／受ける
じょりょく　もう　で　　　ことわ　　　う

ユニットの目標

◎ （状況を判断し自分から）助力を申し出ることができる。
　じょうきょう　はんだん　　　　　　じょりょく　もう　で
I can offer assistance to someone whom I think needs help.／能够（判断情况后主动）提出给予帮助。／Có thể (đánh giá tình hình để tự mình) đề nghị trợ giúp.

◎ 相手の申し出に対応して、受けたり断ったりすることができる。
　あいて　もう　で　たいおう　　　　う　　　　ことわ
I can accept or decline someone's offer of assistance.／能够应对（对方的）提议，并接受或拒绝。／Có thể ứng phó với lời đề nghị (của đối phương) và tiếp nhận hay từ chối.

場面1　助力を申し出る
　ばめん　　じょりょく　もう　で

A やってみよう

1. 先生が来週の発表者がいなくて困っています。あなたは発表をしてもいい
　　　せんせい　らいしゅう　はっぴょうしゃ
　　と思っています。助力を申し出なさい。
　　　おも　　　　　じょりょく　もう　で

2. モデル会話1を聞いて、下の **基本** 部分の下線部をうめなさい。
　　　　　かいわ　き　　　した　きほん　ぶぶん　かせんぶ

•)) U5-1

基本 5-1

先生：どうしよう、困ったなあ……。

シン：あのう、来週でしょうか。

　　　_____。

先生：本当？　そうしてくれる？
　　　ほんとう

シン：はい、_____。

先生：シンさんなら大丈夫ですよ。じゃ、よろしくお願いします。
　　　　　　　　　だいじょうぶ　　　　　　　　　　　ねが

シン：はい、わかりました。_____。

3. 次のページの **基本** 部分を見て、1で自分が考えた表現とどのような点が違うかを確認しなさい。
　　つぎ　　　　　　きほん　ぶぶん　み　　　　じぶん　かんが　ひょうげん　　　　　　てん　ちが　　　かくにん

B 基本部分を確認しよう

で囲んだ **基本** 部分に注意して、スクリプトを見ながらもう一度モデル会話１を聞きなさい。 ◀》 **U5-1**

先生①	：じゃ、早速来週から勉強会、始めましょう。
学生たち❶	：はーい。
先生②	：で、とりあえず来週の発表者ですけど……。（学生たちを見回して）
	そうだなあ、んー、あまり時間がないけどだれかやってくれるとありがたいなあ。
	どうしよう、困ったなあ……。　　　　　　　　　　　　　　　　基本 5-1
シン❶	：あのう、来週でしょうか。私でよろしければ、来週、やりましょうか。
先生③	：本当？　そうしてくれる？
シン❷	：はい。うまくできるかどうかわかりませんが。
先生④	：シンさんなら大丈夫ですよ。じゃ、よろしくお願いします。
シン❸	：はい、わかりました。やってみます。

とりあえず for now／目前／bây giờ

基本部分の流れと表現

助力を申し出るときの **基本** 部分の流れと表現を確認しなさい。

> シン

1 状況の確認
- F ～でしょうか／ですか ↘
- N ～んですって ↗
- C ～んだって ↗

1 申し出
- F N よろしければ～しましょうか
- F N ～します
- C ～しようか

2 謙遜
- F ご期待に添えるか心配ですが
- F N うまくできるかどうかわかりませんが
- C ちゃんとできるか自信ないけど

3 引き受け
- F N やってみます
- N ええ（もちろんです）
- C うん（もちろん）

基本部分の重要ポイント

基本5-1 の流れを使って、重要ポイントを確認しなさい。 **F**

先生② ： どうしよう、困ったなあ……。

状況の確認　シン❶ ： あのう、＿＿（日時や内容）＿＿ [1] でしょうか。

申し出　　　　　　　私でよろしければ＿＿（する内容）＿＿ましょうか。[2〜4]

先生③ ： 本当？　そうしてくれる？

謙遜　　　　シン❷ ： はい。うまくできるかどうかわかりませんが。[5]

先生④ ： シンさんなら大丈夫ですよ。じゃ、よろしくお願いします。

引き受け　シン❸ ： はい、わかりました。やってみます。[6]

---

[1] 状況をよく知っているときは、**状況の確認**をしないことがある。

[2] 「〜ましょうか」は相手のためにすること、「〜します」は簡単にできることに使う。「〜してあげましょうか」「〜してさしあげましょうか」は、目上の人には使わない。その代わりに、「（お荷物を）お持ちします」（謙譲語）のような形を使う。自分のためにするというニュアンスで、「（お手伝い）させてください／させていただけませんか」などを使うこともある。

[3] 助力を申し出る意味の「〜ましょうか」のイントネーションは上げるのが基本だが、目上の人に対しては下げることもある。

[4] 「〜してほしいですか」などと、相手の希望を直接尋ねない。

[5] 謙遜して「私でよろしければ」「ご期待に添えるか心配ですが」などを使うことがある。

[6] 返事として「喜んで。」という表現はあまり使わない。

---

[1] The step of 状況の確認 (checking whether help is needed) may be skipped if you already fully understand the situation.

[2] 〜ましょうか is used when the action is to be done for the listener's benefit, and 〜します when the action is something that can be easily performed. The patterns 〜してあげましょうか and 〜してさしあげましょうか are not used when speaking to a superior; instead, use a humble form such as （お荷物を）お持ちします (I'll carry [your things]). Expressions that frame the offer of assistance as a request are also used, such as （お手伝い）させてください／させていただけませんか (Please let me [help you] / May I [help you]?)

[3] 〜ましょうか for offering assistance is normally spoken with a rising intonation, but is sometimes given a falling intonation when speaking to a superior.

[4] Expressions that directly ask the listener about their wishes, such as 〜してほしいですか (Do you want me to 〜?), are not used.

[5] Humble expressions such as 私でよろしければ (If you don't mind my doing it) or ご期待に添えるか心配ですが (I'm afraid I won't meet your expectations, but...) are sometimes used.

[6] The expression 喜んで。(I'd be glad.) is rarely used in response to someone's offer of assistance.

---

[1] 如果对情况很了解的话，也有可能不"确认情况"。

[2] "〜ましょうか"用于为对方做事，"〜します"则用于能简单做到的事。不要对前辈或级别较高的人使用"〜してあげましょうか"、"〜してさしあげましょうか"。而应使用类似"（お荷物を）お持ちします〔我帮您拿（行李）〕"（谦让语）等形式。带有为了自己而做的含义时，也会使用"（お手伝い）させてください／させていただけませんか〔让我（帮您）/能让我（帮您）吗？〕"等。

[3] 表达提出给予帮助的意思的"〜ましょうか"，其语调通常是上升的，但面对前辈或级别较高的人时，语调也会下降。

[4] 不要用"〜してほしいですか（希望我做〜吗？）"等来直接询问对方的希望。

[5] 会谦逊地使用"私でよろしければ（如果我可以的话）"、"ご期待に添えるか心配ですが（不知能否达成您的期待）"等。

⑥ 作为回答，"喜んで。（我很乐意。）"这一表达方式并不常用。

① Khi đã biết rõ tình hình, có khi không "状況の確認 (xác nhận tình hình)".

② Sử dụng "〜ましょうか" cho việc làm vì đối phương, còn "〜します" thì sử dụng cho việc có thể làm dễ dàng. Không sử dụng "〜してあげましょうか", "〜してさしあげましょうか" đối với người có vị trí cao hơn mình. Thay vào đó, sử dụng hình thức như "（お荷物を）お持ちます (Em / Tôi sẽ xách (hành lý))" (từ khiêm nhường). Cùng có khi sử dụng "（お手伝い）させてください／させていただけませんか (Hãy để em (giúp) / Có thể cho em làm (giúp) không?)" v.v. với nghĩa làm cho mình.

③ Về cơ bản thì ngữ điệu của "〜ましょうか" có ý nghĩa đề nghị trợ giúp thì lên cao nhưng cũng có khi hạ thấp đối với người có vị trí cao hơn mình.

④ Không hỏi trực tiếp nguyện vọng của đối phương như "〜してほしいですか (Thầy / cô muốn (em) làm 〜 à?)"

⑤ Có khi khiêm tốn sử dụng "私でよろしければ (Nếu em có ích thì)", "ご期待に添えるか心配ですが (Em lo không biết có đáp lại sự kỳ vọng của thầy / cô không nhưng mà)".

⑥ Hầu như không sử dụng cách diễn đạt "喜んで。(Em rất vui mừng)" như câu trả lời.

基本の表現とていねい度

F フォーマル	N ニュートラル	C カジュアル
（よろしければ）〜しましょうか	（よかったら）〜しましょうか	（よかったら）〜しょうか
お／ご〜ましょう	〜ましょう	
お／ご〜ます（よ）	〜ます（よ）	〜する（よ）

C 練習しよう

1. モデル会話1を聞いて、シンのパートがすらすら言えるように練習しなさい。

2. **基本5-1** を使って、助力を申し出る練習をしなさい。

(1) 先輩 ：次の勉強会の発表者が欠席するんだよなあ……、困ったなあ……。
せんぱい　　　　　　　　　　　　　　　　　　けっせき

あなた：(順番を代わる) ＿＿＿＿＿＿＿＿＿＿＿＿＿＿＿＿＿＿＿。
じゅんばん

(2) 先生 ：今度のパーティー、学生代表であいさつしてくれる人がいないんですよ。

あなた：(あいさつをする) ＿＿＿＿＿＿＿＿＿＿＿＿＿＿＿＿＿＿＿。

(3) 先生 ：(書こうとして) あ、ホワイトボードのペンがない！

あなた：＿＿＿＿＿＿＿＿＿＿＿＿＿＿＿＿＿＿＿＿＿＿＿＿＿。

D 聞いてみよう

基本5-1 を使ったいろいろなバリエーションを聞いてみましょう。

a. **先生が困っているので、助力を申し出る。** F　　　　　　　　　　　　　　　　�))) U5-2

先生：えっ、ジャドさん、帰ってしまったんですか。この本を渡そうと思ったのに。
わた

ヤン：よろしかったら、私が届けましょうか。ジャドさんのアパート、近くですから。
とど

先生：あ、そう。すみませんね。

ヤン：いえ。大丈夫です。

先生：じゃ、よろしくお願いします。

b. **自分の出身地に先生が学会で来るので、助力を申し出る。** F　　　　　　　�))) U5-3
　　　しゅっしんち

先生：今度の夏休みに学会でシカゴに行くんですよ。

リー：あ、シカゴですか。私も家族がシカゴにいるので、夏休みには帰国するんです。

先生：あ、そういえば、リーさんはシカゴの出身でしたよね。私、初めてシカゴに行くんです
はじ

　　　けど、どこかおすすめの場所とかありますか。

リー：そうですね……。あ、もしよろしければ、ご案内しましょうか。
あんない

先生：あ、いいんですか。

リー：はい、夏休みなので、けっこう時間に余裕があります。
よゆう

先生：助かるなあ、ありがとう。じゃ、よろしく。

学会(がっかい) academic conference ／学会／hội thảo khoa học

c. 先生が本の整理をしているので、助力を申し出る。 **F**　　　　　　　　　　◄))) U5-4

ロペス：あ、先生、お手伝いしましょうか。

先生　：あ、いいですか。じゃ、この箱とこの箱の本をあちらの棚にお願い。

ロペス：はい。あそこですね。

先生　：そう、ありがとう。

d. 人を探していると聞いて助力を申し出る。 **N**　　　　　　　　　　◄))) U5-5

島岡　：はい、もしもし。

スミス：あ、島岡さん、スミスです。

島岡　：あ、スミスさん。

スミス：木村先生から、島岡さんが研究会の手伝いをしてくれる人を探していると聞きました
　　　　が…。

島岡　：そうなんですよ、困ってるんです。

スミス：私でよかったら手伝いましょうか。お役に立てるかどうかわかりませんが……。

島岡　：えっ、いいんですか。そうしてもらえると本当に助かります。

スミス：いえ。私にもいい経験になりますから。

島岡　：ありがとうございます。では、よろしくお願いします。

e. 相手のようすを推測して、助力を申し出る。 **C**　　　　　　　　　　◄))) U5-6

カーン：ねえ、ずっと運転しっぱなしで疲れたでしょ。

友だち：いや、別に。

カーン：運転、代わろうか。

友だち：いや、大丈夫。

カーン：疲れたら言って。

友だち：うん、ありがと。

推測する（すいそくする）to deduce; to guess／推測／suy luận

場面2 紹介の申し出を断る／受ける
しょうかい　　もう　　で　ことわ

A やってみよう

1. あなたは引っ越したいと思っています。学生課の人がホームステイできると
ひ　こ
ころを紹介すると言っていますが、断りなさい。
しょうかい　　　　　　　か　　　　　　　　　　ことわ

2. モデル会話2を聞いて、下の **基本** 部分の下線部をうめなさい。　　🔊 **U5-7**

基本 5-2 (a)

池中　：私の知り合いの家で、この近くにホームステイできるところが

　　　　ありますけど、紹介しましょうか。
　　　　　　　　　　　　しょうかい

グプタ：＿＿＿＿＿＿＿＿＿＿＿＿＿＿＿＿＿＿＿＿。

　　　　＿＿＿＿＿＿＿＿＿＿＿＿＿＿＿＿＿、

　　　　一人暮らしをしたいと思っているので＿＿＿＿＿＿＿＿＿＿＿＿＿＿＿。
　　　　ひとり ぐ

池中　：あ、そうですか。わかりました。

グプタ：＿＿＿＿＿＿＿＿＿＿＿＿＿＿＿＿＿＿＿＿＿＿＿＿＿＿＿＿＿＿。

基本 5-2 (b)

池中　：いえいえ。あ、一人暮らしなら、不動産屋を紹介しましょうか。
　　　　　　　　　　　　　　　　　　ふ どうさん や

グプタ：＿＿＿＿＿＿＿＿＿＿＿＿＿＿＿＿＿＿＿。

池中　：ええ、もちろん。

グプタ：＿＿＿＿＿＿＿＿＿＿＿＿＿＿＿＿＿＿＿＿＿＿＿＿＿＿＿＿＿。

一人暮らし（ひとりぐらし）living on one's own／独居／sống một mình

3. 次のページの **基本** 部分を見て、1で自分が考えた表現とどのような点が違うかを確認しなさい。

で囲んだ **基本** 部分に注意して、スクリプトを見ながらもう一度モデル会話2を聞きなさい。　◀)) **U5-7**

池中① ：グプタさん、引っ越したいそうですね。

グプタ❶：ええ、そうなんです。今住んでいるところは友だちの家なんですが、
　　　　　ちょっと遠いものですから。

池中② ：あ、そうですか。

　　　　　私の知り合いの家で、この近くにホームステイできるところが　　　　　**基本 5-2 (a)**
　　　　　ありますけど、紹介しましょうか。

グプタ❷：ありがとうございます。
　　　　　でも、せっかくなんですが、一人暮らしをしたいと思っているので、<u>大丈夫です</u>。

池中③ ：あ、そうですか。わかりました。

グプタ❸：わざわざ教えていただいたのにすみません。

池中④ ：いえいえ。あ、一人暮らしなら、不動産屋を紹介しましょうか。　　　　　**基本 5-2 (b)**

グプタ❹：よろしいんですか。

池中⑤ ：ええ、もちろん。

グプタ❺：ありがとうございます。じゃ、よろしくお願いします。

基本部分の流れと表現

申し出を断るときと受けるときの **基本** 部分の流れと表現を確認しなさい。

グプタ（断るとき）	
(a) ❷ **お礼**	**F** **N** ありがとうございます
	C ありがとう
❷ **断る**	**F** **N** でも、せっかくなんですが、（〜ので）大丈夫です／けっこうです
	C 残念だけど、大丈夫
❸ **謝罪**	**F** **N** わざわざ〜していただいたのにすみません
	C せっかく〜してくれたのにごめん

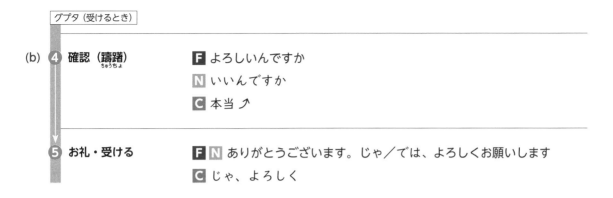

グプタ（受けるとき）

(b) ④ 確認（躊躇
ちゅうちょ）　　**F** よろしいんですか
N いいんですか
C 本当 ↗

⑤ お礼・受ける　　**F** **N** ありがとうございます。じゃ／では、よろしくお願いします
C じゃ、よろしく

基本部分の重要ポイント

基本5-2 (a) (b) の流れを使って、重要ポイントを確認しなさい。**F**

基本 5-2 (a) (b)

池中②　：私の知り合いの家で、この近くにホームステイ

　　　　　　できるところがありますけど、紹介しましょうか。

お礼　　　グプタ❷：＿＿（申し出に対するお礼）＿＿。[1]

断る　　　　　　　　でも、せっかくなんですが、＿＿（理由）＿＿ので大丈夫です。[1]

池中③　：あ、そうですか。わかりました。

謝罪　　　グプタ❸：わざわざ〜ていただいたのにすみません。[2]

池中④　：いえいえ。あ、一人暮らしなら、不動産屋を紹介しましょうか。

確認（躊躇）　グプタ❹：よろしいんですか。[3]

池中⑤　：ええ、もちろん。

お礼・受ける　グプタ❺：＿＿（お礼）＿＿。じゃ、よろしくお願いします。

---

[1] 断るときは、まずお礼を言い、「せっかくなんですが」「残念ながら」のような表現を加え、理由を述べて断る。

[2] さらに、「せっかくお声をかけていただいたのにすみません」と謝ることもある。

[3] 申し出を受けるときはすぐ受けるのではなく「よろしいんですか」などと少し遠慮する。
えんりょ

---

[1] When declining an offer of assistance, first thank the person and then state the reason, prefacing it with an expression like せっかくなんですが (That's really kind of you, but...) or 残念ながら (Unfortunately).

[2] Some people add another apology by saying せっかくお声をかけていただいたのにすみません (I'm sorry not to take up such a kind offer from you).

[3] When accepting an offer of assistance, show some polite restraint by saying something like よろしいんですか instead of immediately taking it up.

---

[1] 拒绝时，首先要表示谢意，再加上 "せっかくなんですが（虽然很难得）"、"残念ながら（可惜的是）" 等表达方式，并在说明理由后拒绝。

[2] 此外，还会道歉说 "せっかくお声をかけていただいたのにすみません（您特意打招呼，我却拒绝了您，很抱歉）"。

[3] 在接受提议时，不要立即接受，而是用 "よろしいんですか（可以吗？）" 等稍微表示客气。

ユニット**5**

場面**2** 紹介の申し出を断る／受ける

1 Khi từ chối, trước tiên nói cảm ơn rồi thêm vào cách diễn đạt như "せっかくなんですが (Đã mất công thầy / cô vậy mà)", "残念ながら (Tiếc là)" và trình bày lý do để từ chối.

2 Ngoài ra, cũng có khi xin lỗi "せっかくお声をかけていただいたのにすみません (Thầy / cô đã có lời vậy mà.. em thật xin lỗi)".

3 Khi nhận lời đề nghị, không nhận lời ngay mà có chút giữ ý như "よろしいんですか" v.v.

基本の表現とていねい度

●申し出を断るとき

F フォーマル	N ニュートラル	C カジュアル
ありがとうございます		ありがとう
でも、せっかくなんですが、大丈夫です／すみません		でも、大丈夫
わざわざ～していただいたのに すみません	せっかく～してくださったのに すみません	せっかく～してくれたのに ごめん

●申し出を受けるとき

F フォーマル	N ニュートラル	C カジュアル
よろしいんですか	いいんですか	いいの ↗
ご迷惑じゃありませんか	大丈夫ですか	迷惑じゃない ↗
ありがとうございます		ありがとう／あ、どうも
そうしていただけると （本当に）助かります	そうしてもらえると 助かります	助かる
ご面倒／お手数をおかけしますが よろしくお願いします	（どうぞ）よろしく お願い（いた）します	じゃ、よろしく
では、お言葉に甘えて		
では、お世話になります		
じゃ、ぜひ		

C 練習しよう

1. モデル会話2を聞いて、グプタのパートがすらすら言えるように練習しなさい。

2. **基本5-2 (a)** を使って、助力の申し出を**断る**会話を完成させなさい。

   (1) 先輩　：アルバイトを紹介しようか。

   　　あなた：＿＿＿＿＿＿＿＿＿＿＿＿＿＿＿＿＿＿＿＿＿＿＿＿＿＿＿＿＿＿＿＿＿。

   (2) 友だち：私のコンピュータ、貸そうか。

   　　あなた：＿＿＿＿＿＿＿＿＿＿＿＿＿＿＿＿＿＿＿＿＿＿＿＿＿＿＿＿＿＿＿＿＿。

3. **基本5-2 (b)** を使って、助力の申し出を**受ける**会話を完成させなさい。

   (1) 先生　：確か専門は歴史でしたよね？　私の知り合いの教授を紹介しましょうか。

   　　あなた：＿＿＿＿＿＿＿＿＿＿＿＿＿＿＿＿＿＿＿＿＿＿＿＿＿＿＿＿＿＿＿＿＿。

   (2) 先輩　：新しい自転車買ったから、前の自転車あげようか。

   　　あなた：＿＿＿＿＿＿＿＿＿＿＿＿＿＿＿＿＿＿＿＿＿＿＿＿＿＿＿＿＿＿＿＿＿。

D 聞いてみよう

基本5-2 を使ったいろいろなバリエーションを聞いてみましょう。

a. **日程変更の申し出を受ける。** F　　　　　　　　　　　　　　　　　　　　•)) U5-8

先生　：スミスさん、今、忙しいんじゃないですか。

スミス：はい、実は、投稿論文の締め切りがせまっていまして……。

先生　：そうですよね。それなら、研究指導の日をもっと遅くしましょうか。

スミス：あ、よろしいんですか。

先生　：ええ、今学期は授業が火曜と水曜にしかないから余裕があります。

スミス：すみません。では、お言葉に甘えて……。

先生　：それでは、来月の3週目の木曜日はどうですか。

スミス：はい、大丈夫です。ありがとうございます。それではそのようにお願いいたします。

変更（へんこう）change／更改／sự thay đổi
投稿論文（とうこうろんぶん）paper to submit／投稿论文／luận văn phải nộp
締め切りがせまる（しめきりがせまる）the deadline is approaching／期限将至／thời hạn đang đến gần
研究指導（けんきゅうしどう）individual research guidance／研究指导／hướng dẫn nghiên cứu
3週目（さんしゅうめ）the third week／第3周／tuần thứ 3

b. 仕事の申し出を断る。 N **U5-9**

ロペス：池中さん。

池中　：はい。

ロペス：スミスさんから聞いたんですけど、会議の通訳が見つからないんですって？　私でよければやりましょうか。

池中　：あ、それがね、さっきヤンさんが引き受けてくれたんですよ。

ロペス：そうですか。なら、いいんですけど。

池中　：すみません。せっかく言ってくれたのに。

ロペス：いえいえ、それならよかったです。

c. 店員の申し出を断る。 N **U5-10**

ヤニス：これの、赤じゃなくて、黒いのってあります？

店員　：申し訳ございません。あいにく黒は、ただいま切らしておりまして。

ヤニス：あ、そう。

店員　：ええ。でも、すぐお取り寄せできますが。

ヤニス：どれくらいかかりますか。

店員　：ええと、今日が金曜日ですから、月曜には届きます。

ヤニス：そうですか。じゃあ、けっこうです。ちょっと急ぐので……。

店員　：申し訳ございません。

ヤニス：いえ。

店員　：またお待ちしております。

d. 先輩の申し出を受ける。 N **U5-11**

キム：あ、充電ケーブル持ってくるの忘れちゃった……。

先輩：あ、これ、よかったら使って。

キム：え、いいんですか。

先輩：うん、私、もう１つ持っているから。

キム：じゃ遠慮なく。ありがとうございます。

充電ケーブル（じゅうでんケーブル） charging cable／充电线／dây sạc

e. 先輩の申し出を断る。 N **U5-12**

グエン：あ！　図書館の本、返さなきゃ！

先輩　：あ、私、今から図書館行くから、ついでに返して来るよ。

グエン：ありがとうございます。でもせっかくなんですが、まだ必要なところのコピーをとっていないので、大丈夫です。

先輩　：あ、そうなんだ。

f.　**友人の申し出を受ける。** C　　　　　　　　　　　　　　　　　　　　　　　　•))） **U5-13**

鈴木：来週、ゼミでお花見に行くんだって？

デイ：そうなんだよね、雨が降らないといいな。

鈴木：レジャーシートだけだとけっこう冷たくなるよ。マットとか持ってったら？

デイ：マット？　持ってないしなあ。

鈴木：私の貸してあげようか？

デイ：あ、いいの？

鈴木：どうぞどうぞ。

g.　**友人の申し出を断る。** C　　　　　　　　　　　　　　　　　　　　　　　　•))） **U5-14**

田中　：今からお弁当を買いに行くけど、ゴメスさんの分も買ってこようか。

ゴメス：ありがとう。でも、今日は持ってきたから大丈夫。

田中　：あ、そう。じゃ、行ってきます。

まとめの練習

1 下線部をうめて、会話を完成させなさい。

(1) 先生に助力を申し出る。 F

スミス：あ、先生、翻訳する人を探しているとお聞きしましたが。

先生　：そうなんです。人がいなくて困ってるんですよね。

スミス：そうですか、＿＿＿＿＿＿＿＿＿＿＿＿＿＿＿＿＿＿＿＿＿＿＿＿＿＿。

先生　：え、いいんですか。

スミス：＿＿＿＿＿＿＿＿＿＿＿＿＿＿＿＿＿＿＿＿＿＿＿＿＿＿＿＿＿＿＿。

(2) 先生からの助力の申し出を受ける。 F

先生：リーさん、私の友だちで、源氏物語の研究をしている先生がいるんだけどね。

リー：はい。

先生：横浜大学で、古典の授業を持っているんだけど。

リー：はい。

先生：リーさん、もし関心があるようだったら、その先生、紹介しますよ。

リー：＿＿＿＿＿＿＿＿＿＿＿＿＿＿＿＿＿＿＿＿＿＿＿＿＿。

＿＿＿＿＿＿＿＿＿＿＿＿＿＿＿＿＿＿＿＿＿＿＿＿＿＿＿＿＿。

源氏物語（げんじものがたり）*The Tale of Genji*／源氏物语／Truyện kể Genji
古典（こてん）Japanese classics／古典／cổ điển

(3) 先輩からの助力の申し出を受ける。 F

木村　：それ、中央図書館の本でしょ。返しに行くの？

ロッシ：はい。

木村　：ついでに返してきてあげようか。今日行くから。

ロッシ：＿＿＿＿＿＿＿＿＿＿＿＿＿＿＿＿＿＿＿＿＿。

＿＿＿＿＿＿＿＿＿＿＿＿＿＿＿＿＿＿＿＿＿＿＿＿＿＿＿＿＿。

(4) 知人からの助力の申し出を断る。 N

ヤン：奨学金がなかなか振り込まれなくて……。困ったなあ。

米田：それは大変ですね。で、週末は大丈夫ですか。

ヤン：ええ、まあなんとかなると思うんですけど。

米田：少し貸しましょうか。

ヤン：＿＿＿＿＿＿＿＿＿＿＿＿＿＿＿＿＿＿＿＿＿＿＿＿＿＿＿＿＿。

振り込む（ふりこむ）to transfer／转移／chuyển khoản

2 ペアを作ってＡとＢの役になり、助力を申し出る練習をしなさい。Ａは助力を申し出なさい。Ｂは、Ａの申し出を受けるか断るかしなさい。

(1) **先生が、机やイスを整理している。**

　　Ａ：学生

　　Ｂ：先生

　　　　　　　　　　　　　整理する（せいりする）to organize; to sort ／ 整理 ／ sắp xếp

(2) **学校から帰ろうとしたら、先生が重そうな荷物を持って歩いている。**

　　Ａ：学生

　　Ｂ：先生

(3) **友人Ｂはアルバイトをしたがっている。あなたには、英会話学校を経営している友人がいる。**

　　Ａ：学生（あなた）

　　Ｂ：学生

(4) **会社の仲間でバーベキューをすることになった。あなたは新しいバーベキューセットを持っている。**

　　Ａ：会社員（あなた）

　　Ｂ：同僚

(5) **あなたは新しい冷蔵庫を買った。不要になった冷蔵庫はまだ使えるので、友人Ｂにあげたい。**

　　Ａ：学生（あなた）

　　Ｂ：友人

(6) **先生が、春休みに自分の国に遊びに来るという。案内をしたい。**

　　Ａ：学生

　　Ｂ：先生

✉ メールを書いてみよう

（1） 先生に助力を申し出る。

件名： 来月の研究会の発表

中山ひろみ先生

先日の研究会、ありがとうございました。 ◀ あいさつ

吉田さんの発表、とても勉強になりました。 ◀ 感想

ところで、来月の研究会で、予定していた田中さんが用事で行けなく ◀ 事情の確認
なり発表者がいなくて困っているというお話を池田さんからうかがいま
した。

もし私でよろしければ、発表いたしますので、おっしゃってください。[1] ◀ 申し出

今執筆している論文の一部を発表できると思います。[2] ◀ 理由
皆さんからご助言やご意見などをお聞かせいただけると、
私もとても勉強になります。

よろしくお願いいたします。 ◀ 結び

ブライアン・ロドリゲス

執筆する（しっぴつする）to write／执笔／viết

（2） 知人の申し出を断る。

件名： Re：通訳のアルバイトのご紹介

坂田さん

ご連絡ありがとうございます。 ◀ あいさつ

通訳のアルバイトのご紹介、ありがとうございます。 ◀ お礼

時間に余裕がありましたら、ぜひ挑戦してみたいのですが、 ◀ 断り
あいにく研究で忙しく、なかなか自由な時間がありません。
特にその期間は、研究会での発表準備もしなければいけないので、[2] ◀ 理由
どうしても難しくなってしまいそうです。

せっかくお声をかけてくださったのに申し訳ありません。 ◀ お詫び
ぜひまたの機会によろしくお願いいたします。 ◀ 結び

アリシャ・ラージャマウリ

メールの重要ポイント

1. メールで申し出るときは、「私でよろしければ、〜しますのでどうぞおっしゃってください」「〜できますが、いかがでしょうか」のような表現がある。

2. 相手の負担を軽くするために理由を言う。
   あいて　　ふたん　　　　　　　　　　りゆう

---

1. When offering assistance in an email, you can use expressions such as 私でよろしければ、〜しますのでどうぞおっしゃってください (If you don't mind my doing it, I will 〜, so let me know if you need my help.) or 〜できますが、いかがでしょうか (I can 〜. How does that sound to you?).

2. State the reason to ease the psychological pressure on the recipient.

---

1. 在通过电子邮件提议时，会使用 "私でよろしければ、〜しますのでどうぞおっしゃってください（如果我可以的话，会〜，所以请告诉我）"、"〜できますが、いかがでしょうか（我可以〜，您觉得怎么样？）" 等表达方式。

2. 为了减轻对方的负担而阐述理由。

---

1. Khi đề nghị qua email, có cách diễn đạt như "私でよろしければ、〜しますのでどうぞおっしゃってください(Nếu thầy / cô thấy em có ích thì vui lòng cho em biết)", "〜できますが、いかがでしょうか(Em có thể 〜 , thầy / cô thấy thế nào ạ?)"

2. Nói lý do để giảm nhẹ gánh nặng của đối phương.

✎ 書いてみよう

1. 先生が学校のイベントに出てくれる人を探していると聞きました。助力を申し出るメールを書きなさない。
   さが

2. 知り合いがあなたに日本語の会話パートナーを紹介してくれると申し出てくれましたが、理由を自分で考えて、断るメールを書きなさい。

ロングさんの会話の進め方には問題があります。問題点を考えなさい。

1

ロング：あ、先生、ちょっとよろしいですか。

田中　：はい、何でしょう。

ロング：ブラックさんは、今日クラスを休むそうです。

田中　：ええ、困ったなあ。スピーチしてくれる人がいなくなっちゃった。

ロング：私にスピーチしてほしいんですか。

田中　：お願いできますか。

ロング：はい、してさしあげましょう。

田中　：ありがとうございます。

2

島岡　：ロングさん、ソファーがほしいって言ってたよね。

　　　　私、新しいのを買うので、あげましょうか。

ロング：どんなのですか。

島岡　：白いのなんだけど、うちにはちょっと大きくて。

ロング：あ、白いのは汚れやすいからいらないです。

島岡　：あ、そう……。

ユニット **6**

よろしいでしょうか

許可をもらう・助言をもらう
きょ か　　　　 じょげん

ユニットの目標

◎ 学校や職場で自分の希望（＝したいこと）を許可してもらうことができる。
がっこう　しょくば　　　　　きぼう　　　　　　　　　　　　　　　きょか

I can seek permission for something I wish to do at my school or workplace.／能够让学校或工作单位允许自己的希望（＝想做的事情）。／Có thể xin phép cho nguyện vọng của mình (= làm việc mình muốn) ở trường / nơi làm việc.

◎ 状況を説明し、助言をもらうことができる。助言を受け入れることができる。
じょうきょう　せつめい　　じょげん

I can explain a situation and solicit advice. I can accept advice.／能够说明情况并征求建议。能够接纳建议。／Có thể xin được giải thích tình trạng, xin lời khuyên. Có thể tiếp nhận lời khuyên.

◎ 適切に助言することができる。
てきせつ　じょげん

I can appropriately give advice.／能够提出适当的建议。／Có thể khuyên ai đó một cách phù hợp.

場面 1 コピー機を使う許可をもらう
ばめん　　　　　　　　　　　　　　きょか

A やってみよう

1. あなたは学生です。資料をコピーするために、教員室のコピー機を使いた
   がくせい　　しりょう　　　　　　　　　　きょういんしつ
   いと思っています。教員室に行って先生に声をかけ、許可をもらいなさい。
   きょういんしつ　　　　　せんせい　こえ　　　きょか

   資料（しりょう）data; material／资料／tài liệu
   教員室（きょういんしつ）teachers' room／教员室／phòng giáo viên
   コピー機（コピーき）copier／复印机／máy photocopy

2. モデル会話1を聞いて、下の **基本** 部分の下線部をうめなさい。
   かいわ　　き　　　した　きほん　ぶぶん　かせんぶ

   •)) **U6-1**

   基本 6-1 (a)

   ロペス：すみません、＿＿＿＿＿＿＿＿＿＿＿＿＿＿＿＿＿＿。

   先生　：あ、ロペスさん、どうかしました？

   ロペス：あの、ちょっとこの資料を＿＿＿＿＿＿＿＿＿＿＿＿＿＿＿＿＿。

   先生　：コピーですか。

   ロペス：はい。＿＿＿＿＿＿＿＿コピー機を＿＿＿＿＿＿＿＿＿＿＿＿＿＿。

   基本 6-1 (b)

   先生　：いいですよ。

   ロペス：＿＿＿＿＿＿＿＿＿＿＿＿＿＿＿＿。

3. 次のページの **基本** 部分を見て、**1** で自分が考えた表現とどのような点が違うかを確認しなさい。
   つぎ　　　　　　　　　　　　　ぶぶん　み　　　　　じぶん　かんが　ひょうげん　　　　　　　　てん　ちが　　　　かくにん

B 基本部分を確認しよう

で囲んだ **基本** 部分に注意して、スクリプトを見ながらもう一度モデル会話1を聞きなさい。 ■))) **U6-1**

ロペス① ：すみません、ちょっとよろしいでしょうか。　　　　　　　　　基本 6-1 (a)

先生❶ 　：あ、ロペスさん。どうかしました？

ロペス② ：あの、ちょっとこの資料をコピーしたいと思いまして……。

先生❷ 　：コピーですか。

ロペス③ ：はい。それで、できましたらコピー機を使わせていただけませんか。

先生❸ 　：えーっと、今はだれも使ってないみたいだから、大丈夫かな。何ページぐらい？

ロペス④ ：そうですね、60ページぐらいでしょうか。

先生❹ 　：それなら、あまり時間もかかりませんね。

　　　　　　いいですよ。　　　　　　　　　　　　　　　　　　　　　　基本 6-1 (b)

ロペス⑤ ：ありがとうございます。

基本部分の流れと表現

許可を求めるときの **基本** 部分の流れと表現を確認しなさい。

| ロペス |

(a) ① 声かけ
- **F** すみません、ちょっとよろしいでしょうか
- **N** すみません、ちょっといいですか
- **C** ちょっといい ↗

② 理由
- **F** **N** ～したいと思いまして……
- **F** **N** ～んです（が）……
- **N** **C** ～して／で……

③ 許可求め
- **F** それで、できましたら～（さ）せていただけませんか
- **N** それで、できたら～てもいいですか
- **C** ～してもいい ↗

(b) ⑤ お礼
- **F** **N** ありがとうございます
- **F** **N** すみません
- **C** ありがとう

基本部分の重要ポイント

基本6-1 の流れを使って、重要ポイントを確認しなさい。 **F**

声かけ	ロペス①	：すみません、____（声かけ）____。	基本 6-1 (a)
	先生❷	：あ、ロペスさん。どうかしました？	
理由	ロペス②	：あの、____（許可をもらいたい理由）____。 □1	
	先生❸	：____（確認）____ですか。	
許可求め	ロペス③	：はい、それで、 □2 できましたら □3	
		____（許可をもらいたい内容）____（さ）せていただけませんか。 □4 □5	
			基本 6-1 (b)
	先生❹	：いいですよ。	
お礼	ロペス⑤	：____（お礼）____。	

□1 最初から最後まで一気に述べず、相手の反応を見ながら少しずつ情報を加えていく。

□2 理由と許可求めの間は「それで」でつなぐ。

□3 許可求めの前には、「できましたら」のほか、「すみませんが」「恐れ入りますが」「大変勝手なのですが」「無理を言って申し訳ないのですが」などを使う。

□4 許可求めと依頼の違いに注意する。

　許可求め：参加してもいいですか。／参加させていただけますか。（参加するのは自分）

　依頼：参加してください。／参加していただけますか。（参加するのは相手）

□5 使役形を使って許可を求める表現（**例**：～（さ）せてもらえますか）は、すべての動詞で使えるわけではない。

　例：×この本、借りさせてもらえますか。

　　　○この本、貸してもらえますか。

□1 Instead of stating the situation all at once, break it down into chunks so that you can gauge the listener's reaction and add other bits of information needed.

□2 Use それで to connect 理由 with 許可求め.

□3 In addition to できましたら, other expressions can be used just before the request for permission 許可求め, such as: すみませんが / 恐れ入りますが / 大変勝手なのですが (This is selfish of me to ask, but...) / 無理を言って申し訳ないのですが (I'm sorry to be unreasonable, but...)

□4 Note the differences between 許可求め and 依頼.

　許可求め：参加してもいいですか。／参加させていただけますか。 (The speaker wants to participate)

　依頼：参加してください。／参加していただけますか。 (The speaker wants the listener to participate)

□5 The method of requesting permission using the causative form (e.g., ～（さ）せてもらえますか) cannot be used with all verbs.

　例：×この本、借りさせてもらえますか。

　　　○この本、貸してもらえますか。

□1 不要一口气从头到尾陈述所有内容，应一边观察对方反应一边逐渐添加信息。

□2 理由和许可求め之间用"それで"来连接。

□3 許可求め前，除了使用"できましたら"以外，还使用"すみませんが"、"恐れ入りますが"、"大変勝手なのですが（擅自作主很抱歉）"、"無理を言って申し訳ないのですが（很抱歉难为您了）"等

注意**許可求め**和**依頼**（提出委托）的不同。

　　許可求め：参加してもいいですか。／参加させていただけますか。（参加人是自己）

　　依頼：参加してください。／参加していただけますか。（参加人是対方）

使用使役形请求允许的表达方式（例如：～（さ）せてもらえますか）并不能用于所有动词。

　　例：×この本、借りさせてもらえますか。

　　　　○この本、貸してもらえますか。

Không trình bày một loạt từ đầu đến cuối mà vừa xem phản ứng của đối phương vừa bổ sung thông tin từng chút một.

Giữa 理由 và 許可求め được nối bằng "それで".

Trước khi 許可求め, ngoài "できましたら", có thể dùng "すみませんが", "恐れ入りますが", "大変勝手なのですが (Em thật tùy tiện nhưng mà...)", "無理を言って申し訳ないのですが (Phải phiền anh / chị thế này tôi thật xin lỗi " v.v.

Lưu ý sự khác biệt giữa 許可求め và 依頼 (đề nghị, yêu cầu, nhờ).

　　許可求め：参加してもいいですか。／参加させていただけますか。 (Người tham gia là mình)

　　依頼：参加してください。／参加していただけませんか。 (Người tham gia là đối phương)

Không phải cách diễn đạt khi xin phép mà sử dụng thể sai khiến (Ví dụ: ～（さ）せてもらえますか) đều có thể sử dụng tất cả động từ.

　　例：×この本、借りさせてもらえますか。

　　　　○この本、貸してもらえますか。

基本の表現とていねい度

●理由を述べるとき

F フォーマル	**N** ニュートラル	**C** カジュアル
～したいと思いまして……		～して／で……
～んですが……		～んだけど……

●許可を求めるとき

F フォーマル	**N** ニュートラル	**C** カジュアル
（さ）せていただけないでしょうか ↘	（さ）せてもらえないでしょうか ↘	
（さ）せていただけませんか	（さ）せてもらえませんか	（さ）せてもらえない ↗
（さ）せていただけますか	（さ）せてもらえますか	（さ）せてもらえる ↗
（さ）せていただきたいんですが…	～たいんですが…	～たいんだけど…
～てもかまいませんでしょうか ↘		
～てもかまわないでしょうか ↘	～てもかまいませんか	～てもかまわない ↗
～（ても）よろしいでしょうか ↘	～（ても）いいでしょうか ↘	
	～（ても）いいですか	～（ても）いい ↗

C 練習しよう

1. モデル会話1を聞いて、ロペスのパートがすらすら言えるように練習しなさい。

2. **基本6-1** を使って、許可をもらう練習をしなさい。

	場面	相手	理由	許可をもらいたいこと
(1)	先生の研究室	先生	気分が悪い	午後の授業を欠席する
(2)	先生の研究室	先生	ゼミの連絡用に メーリングリストを作る	先生のメールアドレスを メーリングリストに入れる
(3)	オフィス	上司（じょうし）	あしたの取引先での会議（かいぎ）が 長引きそうだ	あしたは会社に戻（もど）らず、直接帰宅（ちょくせつきたく）する
(4)	レストラン	店の人	荷物（にもつ）を置く場所がない	ここ（テーブルの横）に荷物を置く
(5)	学校のPC室 （友だちがパソコン でゲームをしている）	友だち	プリントアウトしたい ものがある	そのゲームが終わったら、パソコンを使う

連絡する（れんらくする）to contact; to correspond／联系／liên hệ, liên lạc
～用（～よう）(used) for ～／～用／dành cho ~, dùng để ~

D 聞いてみよう

基本6-1 を使ったいろいろなバリエーションを聞いてみましょう。

a. **先生の研究室で、先生の本を借りる許可をもらう。F**　　　　　·))) U6-2

キム：先生、ちょっとよろしいでしょうか。

先生：はい、なんですか。

キム：あのう、今明治初期（めいじしょき）の美術（びじゅつ）について調べていまして、『〈日本美術〉誕生（たんじょう）』を読んでみたいと思っているんですが……。

先生：ええ。

キム：図書館で探（さが）したんですが、貸し出し中のようなんです。

先生：そうですか。

キム：それで、先生の本をお借りしてもよろしいでしょうか。

先生：はい、長くならなければいいですよ。

キム：ありがとうございます。必要（ひつよう）なところを探して、今日中にお返しします。

先生：わかりました。そこの本棚（ほんだな）にあるから持っていってください。

キム：はい、ではお借りします。どうもありがとうございます。

初期（しょき）early part／初期／ban đầu, thời kỳ đầu
誕生（たんじょう）birth／诞生／sự ra đời
貸し出し中（かしだしちゅう）on loan／已借出／đang cho mượn
本棚（ほんだな）bookcase／书架／giá sách

b. 授業前、教室で先生に、授業を録音する許可をもらう。 F ◄)) U6-3

ジャン：先生、ちょっとよろしいでしょうか。

先生　：はい、なんですか。

ジャン：あのう、まだ日本語の講義に慣れていなくて、先生のお話がちゃんと理解できるかど
　　　　うか不安なんです。

先生　：ああ、そうですか。

ジャン：それで、大変勝手なのですが、先生の授業を録音させていただけないでしょうか。

先生　：ええ、いいですよ。

ジャン：あ、ありがとうございます。

先生　：でも、録音に頼らないで、集中して聞くようにしてくださいね。だんだん録音がいら
　　　　なくなると思いますよ。

ジャン：はい、わかりました。どうもありがとうございます。

録音する(ろくおんする) to record／录音／ghi âm　　　　講義(こうぎ) lecture／讲义／bài giảng
不安な(ふあんな) to be anxious／担心的／lo lắng, bất an　　～に頼る(～にたよる) to rely on ~／依靠~／dựa vào ~

c. 気分が悪いので、上司に会社を早退する許可をもらう。 F ◄)) U6-4

ヤン　：部長、ちょっとよろしいですか。

山田　：うん、どうかしました？

ヤン　：実は、さっきからおなかが痛くて……。

山田　：あ、そう。

ヤン　：それで、座っているのもつらくて……。

山田　：そう。それは大変ですね。

ヤン　：申し訳ありませんが、早退させていただけませんか。

山田　：うん、そうだね。無理せず、休んだほうがいいよ。

ヤン　：ありがとうございます。では、失礼します。

山田　：お大事に。

早退する(そうたいする) to leave early／早退／về sớm
つらい painful／辛苦／khổ sở

d. 学校で友だちにスマートフォンの充電ケーブルを借りる。 C ◄)) U6-5

シン　：ごめん、あのさ。

田中　：ん？

シン　：スマホの充電ケーブル持ってる？

田中　：うん。

シン　：悪いけど、借りてもいい？

田中　：えーっと。はい、これ。

シン　：ありがとう。

充電ケーブル(じゅうでんケーブル) charging cable／充电线／dây sạc
スマホ smartphone／智能手机／điện thoại thông minh

場面2 先生に助言をもらう
じょげん

A やってみよう

1. あなたは国立国会図書館を利用したいと思っています。事前にどのような準
じゅん
   備が必要か、先生に助言をもらいなさい。
   び ひつよう じょげん

   国立国会図書館（こくりつこっかいとしょかん）National Diet Library／国立国会图书馆／
   Thư viện Quốc hội Quốc gia
   事前に（じぜんに）beforehand; in advance／事先／trước

2. モデル会話2を聞いて、下の **基本** 部分の下線部をうめなさい。

•)) **U6-6**

基本 6-2 (a)

レヴィ ：あのう、先生、ちょっと＿＿＿＿＿＿＿＿＿＿＿＿＿＿＿＿＿＿。

先生　 ：はい、なんでしょう。

レヴィ ：＿＿＿＿＿＿＿＿、博士論文の資料を探しに国立国会図書館に
　　　　　　　　　はかせ ろんぶん　 し りょう　 さが

　　　　　＿＿＿＿＿＿＿＿＿＿＿＿＿＿＿＿＿＿＿＿＿＿＿＿です。

先生　 ：あ、そうですか。

レヴィ ：はい。それで、事前に＿＿＿＿＿＿＿＿＿＿＿＿＿＿＿＿＿＿＿＿。

先生　 ：そうですねえ、閉架の本は頼んで出してもらわなければならないので、
　　　　　　　　　　　　へい か　　　　 たの

　　　　　必要な本のリストを＿＿＿＿＿＿＿＿＿＿＿＿＿＿＿＿＿＿＿＿。
　　　　　ひつよう

レヴィ ：そうですね、＿＿＿＿＿＿＿＿＿＿＿＿＿＿。

博士論文（はかせろんぶん）dissertation／博士论文／luận văn tiến sĩ
閉架（へいか）closed shelves／闭架／kệ đóng

3. 次のページの **基本** 部分を見て、1で自分が考えた表現とどのような点が違うかを確認しなさい。

B 基本部分を確認しよう

で囲んだ **基本** 部分に注意して、スクリプトを見ながらもう一度モデル会話2を聞きなさい。　**•)) U6-6**

レヴィ① ：あのう、先生、ちょっとご相談したいことがあるんですが。 　　　　　　**基本 6-2 (a)**

先生❶ ：はい、なんでしょう。

レヴィ② ：実は、博士論文の資料を探しに国立国会図書館に行ってみようと思っている
　　　　　んです。

先生❷ ：あ、そうですか。

レヴィ③ ：はい。それで、事前にどんなことを準備したらいいでしょうか。

先生❸ ：そうですねえ、閉架の本は頼んで出してもらわなければならないので、
　　　　　必要な本のリストを作っておいたらどうですか。

レヴィ④ ：そうですね、そうしてみます。

先生❹ ：図書館では利用者カードを作るので、
　　　　　身分証明書を持っていったほうがいいですよ。

レヴィ⑤ ：身分証明書ですか、在留カードで大丈夫ですか。

先生❺ ：ええ、大丈夫です。

レヴィ⑥ ：わかりました。お忙しいところ、どうもありがとうございました。 　　　**基本 6-2 (b)**

相談する（そうだんする）to ask for advice／商量／tư vấn, trao đổi
身分証明書（みぶんしょうめいしょ）ID／身份証明／giấy chứng nhận nhân thân
在留カード（ざいりゅうカード）residence card／居留卡／thẻ lưu trú

基本の流れと表現

助言をもらうときの **基本** 部分の流れと表現を確認しなさい。

		レヴィ（助言をもらう人）	先生（助言する人）	
(a)	① 声かけ			**F** ご相談したいことがあるんですが **N** 相談したいことがあるんですが **C** ちょっと相談したいんだけど
			① 応じる	**F N** なんでしょう（か） **C** なに？
	② 状況の説明			**F N** 実は〜んです **C** 〜んだけど

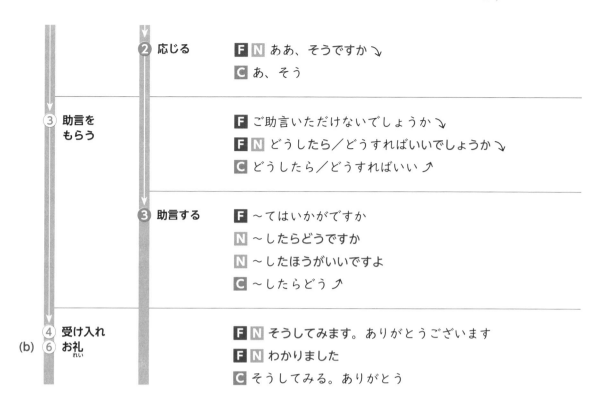

基本部分の重要ポイント

基本6-2 (a)(b) の流れを使って、重要ポイントを確認しなさい。 **F**

			基本 6-2 (a)(b)
声かけ	レヴィ① ：	あのう、先生、ちょっと ＿＿＿(声をかける理由)＿＿＿。	

声をかける理由 りゆう

応じる	先生❶ ：はい、なんでしょう。
状況の説明	レヴィ② ：実は、＿＿＿(状況の説明)＿＿＿んです／のです（が）。[1]
応じる	先生❷ ：あ、そうですか。
助言をもらう	レヴィ③ ：はい。それで、＿＿＿(助言をもらいたい内容)＿＿＿したらいいでしょうか。

ないよう

助言する	先生❸ ：そうですねえ、＿＿＿(助言)＿＿＿したらどうですか。[2][3]
受け入れ	レヴィ④ ：そうですね、＿＿＿(助言の受け入れ)＿＿＿。[4]
お礼	レヴィ⑥ ：ありがとうございました。

[1] 助言を求める前に、困っている状況を説明する。

[2] 助言の表現には、案を提示する「～はどうですか／いかがですか」、やや強く勧める「～したほうがいいですよ」
がある。さらに強く勧める表現として「～したらどうですか」などがある。
ていじ

[3] 目上の人に助言するときの注意：

a. 相談された時だけにしたほうがよい。

b.「～のではないでしょうか」「～かもしれません」のように、意見を言う表現を使う。

[4] 相手の助言をすぐに受け入れない時は、「少し考えてみます」「検討してみます」などを使う。

1. Before asking for advice, explain your predicament.

2. Instead, put the advice in the form of suggestions, such as ～はどうですか／いかがですか or the slightly stronger ～したほうがいいですよ. An even stronger form of suggestion is ～したらどうですか.

3. Cautions on giving advice to superiors:

a. You should give advice only when asked.

b. State your opinion with expressions like ～のではないでしょうか or ～かもしれません.

4. If you don't want to immediately accept someone's advice, reply with an expression like 少し考えてみます (I'll think about it a little) or 検討してみます (I'll take that into consideration).

---

1. 在征求建议前，先说明目前为难的情况。

2. 建议的表达方式有提出方案的"～はどうですか／いかがですか"和建议程度略强的"～したほうがいいですよ"。建议程度更强的表达方式则有"～したらどうですか"等。

3. 向前辈或级别较高的人提出建议时要注意：

a. 只在对方和你商量时才提出建议比较好。

b. 使用类似"～のではないでしょうか"、"～かもしれません"等阐述意见的表达方式。

4. 不立即接纳对方建议时，使用"少し考えてみます（我稍微想一下）"、"検討してみます（我会考虑的）"等。

---

1. Trước khi xin lời khuyên, giải thích tình trạng khó khăn.

2. Cách diễn đạt lời khuyên có "～はどうですか／いかがですか" để đề xuất phương án "～したほうがいいですよ" thì khuyến khích hơi mạnh. Cách khuyến khích mạnh hơn nữa là "～したらどうですか" v.v.

3. Lưu ý khi đưa ra lời khuyên cho người có vị trí cao hơn mình:

a. Chỉ nên đưa ra lời khuyên khi được trao đổi.

b. Sử dụng cách diễn đạt nói ý kiến như "～のではないでしょうか", "～かもしれません".

4. Khi không tiếp nhận lời khuyên của đối phương ngay, sử dụng "少し考えてみます (Tôi sẽ thử suy nghĩ một chút)", "検討してみます (Tôi sẽ cân nhắc)" v.v.

基本の表現とていねい度

●声をかけるとき

F フォーマル	N ニュートラル	C カジュアル
ちょっとご相談したいことがあるんですが	ちょっと相談したいことがあるんですが	ちょっと相談があるんだけど
ちょっとうかがいたいんですが	ちょっと聞きたいんですが	ちょっと聞きたいんだけど

●状況の説明

F フォーマル	N ニュートラル	C カジュアル
	(実は) ～んです (が)	～んだけど
	～のことなんですが	～のことなんだけど

●助言をもらう

F フォーマル	**N** ニュートラル	**C** カジュアル
ご助言を いただけませんでしょうか ↘	助言を もらえないでしょうか ↘	
どうしたら よろしいでしょうか ↘	どうしたらいいでしょうか ↘	どうしたらいい ↗
どちらのほうが よろしいでしょうか ↘	どちらのほうがいいですか	どっちのほうがいい ↗
Aのほうがよろしいでしょうか	Aのほうがいいですか	Aのほうがいい ↗
何かいい方法、 ありませんでしょうか ↘	何かいい方法、 ないでしょうか ↘	何かいい方法、ないかなあ

●助言する

F フォーマル	**N** ニュートラル	**C** カジュアル
～は／なんか／したら いかがでしょうか ↘	～は／なんか／したら どうですか	～は／なんか／ してみたらどう ↗
～とよろしいかと存じます	～といいと思います	～といいです
	～の／したほうが いいと思います	～の／したほうが いいと思うな

●助言を受け入れる

F フォーマル	**N** ニュートラル	**C** カジュアル
	では／じゃ、そうしてみます	じゃ、そうしてみるね
	わかりました。さっそくやってみます	そっか。ためしてみるよ

●あいまいな応答

F フォーマル	**N** ニュートラル	**C** カジュアル
	そうですね…。もう少し考えてみます	うーん、どうしようかな…

C 練習しよう

1. モデル会話2を聞いて、レヴィのパートがすらすら言えるように練習しなさい。

2. 基本6-2 を使って、助言を求める練習をしなさい。

	相手	状況	困っていること
(1)	先生	来週ゼミで発表がある	どうやって発表資料を作ればいいかわからない
(2)	先生	漢字がなかなか覚えられない	どうやって勉強したらいいかわからない
(3)	職場の同僚	初めて日本の結婚披露宴に招待された	何を準備したらいいかわからない
(4)	先輩	知り合いから英文の校正を頼まれた	どうやってていねいに断ればいいかわからない
(5)	友だち	日本語の映画やドラマをもっと見たい	何を見ればいいかわからない

結婚披露宴(けっこんひろうえん) wedding reception／婚宴／tiệc cưới
校正(こうせい) proofreading／校正／hiệu đính

D 聞いてみよう

基本6-2 を使ったいろいろなバリエーションを聞いてみましょう。

a. 就職に役立つ授業について、先生に助言をもらう。F　⏺))) U6-7

ロペス：先生、あのう、ご相談があるんですが……。

木村　：はい、どんなことでしょうか。

ロペス：実は、日本での就職を考えているんです。それで、どんな授業をとったらよいか、教
　　　　えていただきたいんですが……。

木村　：そうですか。では、「ビジネス日本語」という授業はどうですか。ビジネス敬語や就職
　　　　面接の受け方まで、学べるはずですよ。

ロペス：わかりました。その授業をとってみます。お忙しいところどうもありがとうございま
　　　　した。

就職(しゅうしょく) job hunting; getting a job／就业／tìm việc
面接(めんせつ) interview／面试／phỏng vấn

b. 上司に、自分の国の旅行先について助言する。F　⏺))) U6-8

山田：今度、初めてカナダに行くんだけど、おすすめの観光地、ないかな。

ヤン：そうですねえ、カナダのどのあたりですか。

山田：バンクーバーから入って、西のほうを回ろうと思ってるんだ。

ヤン：そうですか。でしたら、国立公園なんかいかがでしょうか……。カナディアン・ロッキー
　　　山系のジャスパーとかバンフとか、すてきですよ。

山田：へー、ジャスパーとバンフね……。ありがとう、ネットで調べてみるよ。

国立公園(こくりつこうえん) national park／国立公园／công viên quốc gia
山系(さんけい) mountain range／山系／dãy núi

c. 上司に助言を求められ、自分の意見を述べる。 **F**　　◀)) U6-9

鈴木：うーん、どうしようかなあ……。

ヤン：どうなさったんですか。

鈴木：あ、来週ドイツのお客さんと食事なんだけど、どこにご案内したらいいかなあと思って
　　　るんだよね。

ヤン：迷いますよね。

鈴木：そうなんだよね。「やまと鮨」ってどうかな。会社にも近いし。

ヤン：うーん、生魚が苦手な方はいるかもしれませんね。

鈴木：そうだよね。やっぱり日本料理がいいとは思うんだけど。

ヤン：でしたら、お好きなものを頼んでいただけるところがいいんじゃないでしょうか。

鈴木：居酒屋とか？

ヤン：ええ。

鈴木：なるほど、そうだね、じゃ、そういうところにしようかな。「割烹葵」って知ってる？

ヤン：前を通っただけですが、落ち着いた雰囲気のところみたいですね。

鈴木：そう、じゃ、予約入れてみようかな。

> 〜鮨（〜ずし）name of sushi restaurant／〜寿司／tiệm sushi 〜
> 生魚（なまざかな）raw fish／生鱼／cá sống
> 居酒屋（いざかや）tavern; pub; bar／居酒屋／quán nhậu, tiệm ăn có bán rượu
> 割烹〜（かっぽう〜）name of Japanese restaurant／烹饪〜／nhà hàng Nhật 〜

d. 友だちに、日本語の聴解力を高めるための助言をもらう。 **C**　　◀)) U6-10

ルバ：ねえ、リスニング練習って、何かやってる？　なかなか日常会話が聞けるようにならなく
　　　て……。何したらいいのかな。

ケン：んー、僕はドラマかな。会社を舞台にしたのなんか、敬語の勉強にもなるよ。

ルバ：あー、それいいね。でもテレビがないなあ。ケンはどうしてるの？

ケン：ぼくはMMテレビの動画配信サービスに入ってる。高くないからおすすめだよ。

ルバ：へえ、ちょっと調べてみるね。

> 聴解（ちょうかい）listening comprehension／听力理解／nghe hiểu
> 日常会話（にちじょうかいわ）daily conversation／日常会话／hội thoại thường ngày
> 〜を舞台にした話（〜をぶたいにしたはなし）story set in 〜／以〜为舞台的故事／câu chuyện lấy bối cảnh là 〜
> 動画配信サービス（どうがはいしんサービス）video streaming service／视频播放服务／dịch vụ phát video

e. 友だちからの助言を受け入れない。 **C**　　◀)) U6-11

アラン：風邪？　なんかつらそうだね。今日はもう帰ったほうがいいんじゃない？

ミナ　：でも、今日の午後、発表の担当だから、早退できないよ。

アラン：無理しないほうがいいと思うけど。

ミナ　：ありがとう。でも、みんなに迷惑かけちゃうから、もう少しがんばる。

> 担当（たんとう）person in charge／负责／phụ trách
> 無理をする（むりをする）to work too hard; to force oneself／勉强／làm quá sức, miễn cưỡng

まとめの練習

1 下線部をうめて、会話を完成させなさい。

(1) 先生に、ゼミのホームページに先生の写真を載せる許可をもらう。 F

スミス ：あの、ゼミのホームページを作ろうと思いまして……。

先生　 ：ああ、ホームページですか。

スミス ：はい、それで＿＿＿＿＿＿＿＿＿＿＿＿＿＿＿＿＿＿＿＿＿＿＿＿＿。

先生　 ：いいですよ。

(2) カフェで、店の人に、ほかの席に移る許可をもらう。 N

客　　 ：すみません、ここ、エアコンが寒いので、＿＿＿＿＿＿＿＿＿＿＿＿＿＿＿＿＿。

店の人 ：あ、そうですか。空いているお席にどうぞ。

客　　 ：ありがとうございます。

(3) 先生に、図書館の登録について助言をもらう。 F

レヴィ ：あのう、先生、ちょっと＿＿＿＿＿＿＿＿＿＿＿＿＿＿＿＿＿＿ですが。

木村　 ：はい、なんでしょう。

レヴィ ：実は、横浜大学の図書館に行ってみようと思っているんです。

木村　 ：あ、そうですか。

レヴィ ：はい。それで、事前に＿＿＿＿＿＿＿＿＿を＿＿＿＿＿＿＿＿＿＿＿＿＿か。

木村　 ：そうですねえ、まず図書館カードを作るので、

　　　　　身分証明書を＿＿＿＿＿＿＿＿＿＿＿＿＿＿＿＿＿＿＿＿。

レヴィ ：＿＿＿＿＿＿＿＿＿＿＿＿＿＿＿。持っていきます。ありがとうございました。

2 ペアを作り、AとBの役になって練習しなさい。

(1) 友だちに許可をもらいなさい。

A：学生　自分の部屋の冷蔵庫が壊れてしまいました。業者に修理を頼みましたが、来てくれるのは3日後だそうです。それまで、中に入っている食べ物をBさんの冷蔵庫に入れておいてほしいと思っています。

B：学生　Aさんがあなたの冷蔵庫に食べ物を入れたいと言います。許可しなさい。

冷蔵庫（れいぞうこ）refrigerator／冰箱／tủ lạnh
業者（ぎょうしゃ）vendor; business operator／工商业者／chỗ bán, nhà thầu
修理する（しゅうりする）to repair／修理／sửa

(2) **上司に許可をもらいなさい。**

> A：会社員　来月、あなたが働く業界の大きい展示会が大阪で1週間開かれるので、出張に行きたいと思っています。
>
> B：上司　　部下のAさんが、出張したいと言います。詳しいことを聞き、許可するかどうかを決めなさい。

> 業界（ぎょうかい）business sector ／ 行业 ／ ngành, giới
> 展示会（てんじかい）exhibition ／ 展会 ／ triển lãm
> 出張（しゅっちょう）business trip ／ 出差 ／ chuyến công tác

(3) **先生に助言をもらいなさい。**

> A：学生　　あなたは、自分の日本語の弱点を克服したり、学習を楽しく進めたりするために、いろいろなアプリやインターネットのサイトを使ってみたいと思っています。
>
> B：先生　　学生のAさんが日本語学習に役立つアプリやサイトを探しています。助言してあげなさい。

> 弱点（じゃくてん）weak point ／ 弱点 ／ điểm yếu
> 克服する（こくふくする）to overcome ／ 克服 ／ khắc phục, vượt qua

(4) **先輩に助言をもらいなさい。**

> A：会社員　あなたは、近くの席の同僚の癖や習慣が気になっています。どうすればいいか、先輩に助言を求めなさい。（癖の具体例は自分で考えなさい。）
>
> B：先輩　　後輩のAさんが、同僚の気になる癖や習慣について相談します。助言してあげなさい。

> 癖（くせ）habit; quirk ／ 癖好、习惯 ／ thói quen, tật

(5) **先輩に助言をもらいなさい。**

> A：学生　　あなたは、友だちの家族に台所用品や小さい家具などを時々もらうので、何かお礼のお返しをしたいと考えています。学校の先輩に助言を求めなさい
>
> B：先輩　　もらったものに対する「お返し」について、後輩のAさんがあなたに相談します。助言してあげなさい。

> 台所用品（だいどころようひん）kitchen utensils ／ 厨房用品 ／ đồ dùng nhà bếp
> お返し（おかえし）something in return ／ 回礼 ／ đáp lễ

✉ メールを書いてみよう

(1) 調査協力者に録音の許可を求める。
ちょうさ きょうりょくしゃ ろくおん きょか

件名： インタビューの録音
ろくおん

山田様
やまだ さま

みなとみらい大学のホセ・ロペスです。[1]　　　　　　　　　　◀ 名乗り

このたびは、インタビュー調査にご協力いただけるとのこと、ありが　　◀ お礼
ちょうさ きょうりょく　　　　　　　　　　　　　　　　　　　　　　　れい
とうございます。

それでは来月15日木曜日の16時より、よろしくお願いいたします。　◀ 予定の連絡
ねが

それで、申し訳ないのですが、データを保存しておく必要があります　　◀ 理由→許可求め
もう わけ　　　　　　　　　ほぞん　　　　　ひつよう　　　　　　　　　　り ゆう
ので、インタビューを録音させていただけませんでしょうか。

なお、[2] データは厳重に管理いたします。
げんじゅう かんり

どうぞよろしくお願いいたします。　　　　　　　　　　　　　　　◀ 結び

ホセ・ロペス

調査協力者（ちょうさきょうりょくしゃ）informant／配合调查的人／cộng tác viên điều tra
録音する（ろくおんする）to record／录音／ghi âm
調査（ちょうさ）research／调查／cuộc điều tra　　協力する（きょうりょくする）to cooperate／配合／hợp tác
（日・時・場所）より＝から　　保存する（ほぞんする）to save／保存／lưu
厳重に（げんじゅうに）carefully／严格／nghiêm ngặt　　管理する（かんりする）to handle／管理／quản lý

---

(2) 先生に日本語の資料について助言をもらう。
しりょう じょげん

件名： 資料収集についてのご相談
しりょう しゅうしゅう そうだん

田島先生
たじま

ロペスです。[1]　　　　　　　　　　　　　　　　　　　　　　　◀ 名乗り

実はご相談したいことがありまして、メールいたしました。　　　　　◀ 前置き
じつ そうだん

現在、私の研究テーマ「芸能・文化としての歌舞伎は今日までのよ　　◀ 状況説明
げんざい　　　　　げいのう ぶんか　　　　かぶき こんにち　　　　　じょうきょう
うに支えられてきたか」に関連した資料を集めております。
ささ　　　　　　かんれん

論文はいろいろ見つかったのですが、歌舞伎の脚本や舞台装置の記録　　◀ 助言求め
きゃくほん ぶたいそうち きろく
なども見たいと思っております。そのような公演の記録などの資料を
こうえん
見るにはどこへ行けばいいでしょうか。[3]

お忙しいところ申し訳ございませんが、**教えていただけませんでしょ**　◀ お願い
いそが
うか。[4]

どうぞよろしくお願いいたします。　　　　　　　　　　　◀ 結び

ホセ・ロペス

芸能（げいのう）entertainment／演艺娱乐／sự giải trí　　今日（こんにち）nowadays／今天／ngày nay
〜に支えられる（〜にささえられる）to be supported by 〜／受到〜的支持／được hỗ trợ bởi 〜
〜に関連した（〜にかんれんした）related to 〜／与〜相关／có liên quan đến 〜
脚本（きゃくほん）script／剧本、脚本／kịch bản　　舞台装置（ぶたいそうち）stage equipment／舞台装置／thiết bị sân khấu
記録（きろく）records／记录／ghi chép, hồ sơ　　公演（こうえん）performance／公演／công diễn

メールの重要ポイント

1 名乗りの前か後に「**お世話になっております**」などのあいさつを入れるのが一般的だが、その前に何度かやりとりがあった場合は省略できる。
2 **なお**：前の内容に注意点を付け加えるときに使う。
例：資料を添付ファイルでお送りします。なお、この資料は社外秘でお願いいたします。
3 相談内容は具体的に書く。
4 助言を求めた後、このようにお願いの表現を使うとていねいになる。（→ユニット7）

---

1 Greetings such as お世話になっております are typically added before or after stating your name, but these can be omitted if the recipient is someone you have interacted with repeatedly.
2 なお：This is used to add a note or caution about the matter mentioned.
例：資料を添付ファイルでお送りします。なお、この資料は社外秘でお願いいたします。
3 Specifically describe what you are seeking assistance for.
4 You can make your request for assistance politer by ending it with an expression like this. （→ユニット7）

---

1 虽然通常会在自报姓名前后加上"お世話になっております"等问候语，但如果之前有过几次交流，则可以省略。
2 なお：为前面的内容添加注意事项时使用。
例：資料を添付ファイルでお送りします。なお、この資料は社外秘でお願いいたします。
3 咨询内容应具体描述。
4 在征求建议后，使用这种请求的表达方式比较礼貌。（→ユニット7）

---

1 Thông thường, đưa câu chào "お世話になっております" v.v. vào trước hoặc sau khi xưng tên nhưng nếu trước đó đã nhiều lần trao đổi qua lại thì có thể giản lược.
2 なお：Sử dụng khi thêm điểm lưu ý ở nội dung trước.
例：資料を添付ファイルでお送りします。なお、この資料は社外秘でお願いいたします。
3 Viết nội dung trao đổi một cách cụ thể.
4 Sau khi xin lời khuyên, sử dụng cách diễn đạt nhờ cậy như thế này thì sẽ lịch sự hơn. （→ユニット7）

✎ 書いてみよう

1. あなたは初めて日本語で授業を受け始めました。時々わからないことがあるし、あとで復習したいので、録音したいと思っています。山田先生に、授業を録音する許可をもらうメールを書きなさい。

2. あなたは、日本での就職を考えていますが、就職活動についてのいろいろなこと（面接に着ていくもの、面接で気をつけること、選考プロセスなど）がわからなくて心配です。大学の先輩にメールで助言をもらいなさい。

就職活動（しゅうしょくかつどう）job hunting／求职／tìm việc
選考プロセス（せんこうプロセス）selection process／选拔流程／quá trình lựa chọn

ロングさんの会話の進め方には問題があります。問題点を考えなさい。

1

ロング：先生、すみません。

先生　：はい、なんですか。

ロング：この作文のことで、ちょっと質問させてもよろしいですか。

先生　：あ……はい、どうぞ。

（先生に質問して教えてもらう）

ロング：ありがとうございました。いい説明でした。よく考えてみます。
　　　　来週、もう一度この作文を提出していただけないでしょうか。

先生　：え？　だれが書くんですか？

提出する（ていしゅつする）to submit／提交／nộp

2

先生　：ロングさん、来月は修士論文の中間発表会ですね。準備は進んで
　　　　いますか。

ロング：ええ、文献を読んでデータも集まったんですが、構成を何にした
　　　　ほうがいいか、迷っているんです。

先生　：そうですか。ほかの学生も同じだと思いますよ。発表会の前にゼ
　　　　ミでほかの学生に、ロングさんが困っていることを具体的に相談
　　　　したらどうですか。

ロング：あ、いいですね。

文献（ぶんけん）litserature; documents／文献／tài liệu, văn bản

3

ロング：先生、今書いている論文のこの部分なんですが、どう進めればい
　　　　いか迷っていまして……。先生の意見は何ですか。

先生　：どれどれ……なるほど。これだと最初に書いてることと矛盾する
　　　　ので、少し書き直したほうがいいかな。

ロング：そうですか？　ぼくは問題ないと思います。

先生　：でもね、少し表現を変えれば矛盾しなくなると思いますよ……。

ロング：いや、そうは思いません。

先生　：そうですか……。

矛盾する（むじゅんする）to contradict／顶撞／mâu thuẫn

お願いしたいことが

依頼する・依頼を受ける／断る
(いらい)　　　　　　　　　　　(ことわ)

ユニットの目標

◎ 適切に依頼をすることができる。
　(てきせつ)　(いらい)
　I can appropriately make requests.／能够适当提出委托。／Có thể đề nghị ai đó làm việc gì một cách phù hợp.

◎ 依頼を受けることができる。
　I can accept requests.／能够接受委托。／Có thể tiếp nhận đề nghị.

◎ 依頼をていねいに断ることができる。
　　　　　　　　(ことわ)
　I can politely turn down requests.／能够礼貌地拒绝委托。／Có thể từ chối lời đề nghị một cách lịch sự.

場面1 推薦状を書いてもらう
(ばめん)　(すいせんじょう)

A やってみよう

1. あなたは学生です。国際交流基金の奨学金に申し込もうと思っていますが、そのためには推薦状が必要です。
　(こくさいこうりゅうききん)　(しょうがくきん)　(もう こ)　　　　　　　　　　　　　　(すいせんじょう)　(ひつよう)
　先生に推薦状をお願いしなさい。
　　　　　　　(ねが)

> 国際交流基金(こくさいこうりゅうききん) Japan Foundation／国际交流基金／Quỹ Giao lưu Quốc tế Nhật Bản
> 奨学金(しょうがくきん) scholarship／奖学金／học bổng
> 推薦状(すいせんじょう) recommendation letter／推荐信／thư giới thiệu

2. モデル会話1を聞いて、下の **基本** 部分の下線部をうめなさい。
　　　　　　　　　　　　　(きほん)　(ぶぶん)　(かせんぶ)

●» **U7-1**

基本 7-1 (a)

ファム：あのう、先生、ちょっとお願いしたいことがあるんですが。
　　　　　　　　　　　　　　(ねが)

先生　：はい、なんでしょう。

ファム：＿＿＿＿＿＿＿＿、今度、国際交流基金の奨学金に申し込もうと思っているんです。
　　　　　　　　　　　　　　(こくさいこうりゅうききん)　(しょうがくきん)　(もう こ)

先生　：あ、そうですか。

ファム：はい。＿＿＿＿＿＿＿＿＿＿＿＿＿＿＿＿＿＿＿＿＿＿＿＿＿＿＿＿。

先生　：わかりました。いいですよ。

ファム：＿＿＿＿＿＿＿＿＿＿＿＿＿＿＿＿＿＿＿＿＿＿＿＿。

基本 7-1 (b)

先生　：そうですか。わかりました。じゃ、書いておきます。

ファム：＿＿＿＿＿＿＿＿＿＿＿＿＿＿＿＿＿＿＿＿＿＿＿＿＿＿＿＿。

3. 次のページの **基本** 部分を見て、1で自分が考えた表現とどのような点が違うかを確認しなさい。
　(つぎ)　　　　　　　　(きほん)　　　　　　　　　　　　　　　　(ひょうげん)　　　　　　　　(ちが)　(かくにん)

で囲んだ **基本** 部分に注意して、スクリプトを見ながらもう一度モデル会話1を聞きなさい。 •)) **U7-1**

ファム①：あのう、先生、ちょっとお願いしたいことがあるんですが。　　　　　**基本 7-1 (a)**

先生❶　：はい、なんでしょう。

ファム②：実は、今度、国際交流基金の奨学金に申し込もうと思っているんです。

先生❷　：あ、そうですか。

ファム③：はい。それで、できましたら先生、推薦状を書いていただけないでしょうか。

先生❸　：わかりました。いいですよ。

ファム④：あ、ありがとうございます。

先生❹　：締め切りはいつですか。

ファム⑤：今月末なんです。

先生❺　：そうですか。わかりました。じゃ、書いておきます。　　　　　　　　**基本 7-1 (b)**

ファム⑥：お忙しいところ申し訳ありませんが、よろしくお願いいたします。

締め切り（しめきり）deadline／截止／thời hạn, hạn chót

基本部分の流れと表現

依頼するときの **基本** 部分の流れと表現を確認しなさい。

| ファム |

(a)	①	**声かけ**	**F** あのう、ちょっとお願いしたいことがあるんですが
			N お願い／頼みたいことがあるんですが
			C お願い／頼みがあるんだけど
			C 悪いんだけど
	②	**状況の説明**	**F** **N** 実は、～んです（が）／～て
			C ～んだよね／～て
	③	**依頼**	**F** それで、できましたら～していただけないでしょうか ↘
			N できれば～してもらえませんか
			C 悪いけど～してもらえない ↗
	④	**お礼**	**F** **N** ありがとうございます
			N **C** ありがとう

(b) ⑥ **謝罪・確認**
　　　しゃざい　かくにん

F **N** お忙しいところ申し訳ありませんが、

　　　　 よろしくお願い（いた）します

F **N** よろしくお願いします

C よろしくね

基本部分の重要ポイント

基本7-1 の流れを使って、重要ポイントを確認しなさい。 **F**
　　　　　　　　じゅうよう

声かけ	ファム①	：あのう、＿＿＿（相手の名前）＿＿＿、ちょっとお願いしたいことが　**基本 7-1 (a)**
		あるんですが。[1]
	先生❶	：はい、なんでしょう。
状況の説明	ファム②	：実は、＿＿（依頼が必要な状況の説明）＿＿んです（が）／て。[1]
		ひつよう
	先生❷	：あ、そうですか。
依頼	ファム③	：はい、それで、[2] できましたら＿＿（依頼の内容）＿＿[3]。
		ないよう
	先生❸	：わかりました。いいですよ。[4]
お礼	ファム④	：＿＿（引き受けてくれたことへのお礼）＿＿[5]。
	先生❺	：そうですか。わかりました。じゃ、書いておきます。　**基本 7-1 (b)**
謝罪・確認	ファム⑥	：＿＿（手間をかけることへの謝罪・依頼の確認）＿＿[6]。

[1] 最初に「お願いがあるんですが」「今ちょっとよろしいですか」など、前置きの表現を入れる。簡単なお願いの
　　さいしょ　　かんたん
　　ときは、前置きや簡単な状況の説明をしないで、すぐに依頼の表現を使うこともある。また、依頼の表現として、
　　単なる質問の形を使うことも多い。（→ D 聞いてみよう b・d）
　　たん　　　　かたち

[2] 相手の反応を待ち、その後に「それで」に続けて依頼の表現を使う。
　　あいて　はんのう

[3] 相手の行動を依頼する表現「～していただけないでしょうか」の代わりに、自分の行動の許可を求める表現「～
　　きょか
　　（さ）せていただけないでしょうか」を使うこともある。

　　例：お話をしていただけないでしょうか。→お話を聞かせていただけないでしょうか。

[4] 受け入れの表現として、「わかりました」「いい（です）よ」などを使う。

[5] 相手が依頼を受け入れたら、お礼を言う。「ありがとうございました」（過去形）は使わない。

[6] 最後に謝罪の言葉と共に、「よろしくお願い（いた）します」を使う。

---

[1] Preface your request with an expression like お願いがあるんですが or 今ちょっとよろしいですか. For simple requests, you can skip this lead-in or any basic description of your situation, and instead immediately use an expression of request. Requests often take the form of a simple question. (→ D 聞いてみよう b・d)

[2] After pausing for the listener's reaction, use それで to introduce the request expression.

[3] Sometimes requests are phrased as asking for permission to do something (～（さ）せていただけないでしょうか), instead of asking the listener to do something (～していただけないでしょうか).
Example: 話をしていただけないでしょうか。(Could you talk about it?) → 話を聞かせていただけないでしょうか。(Could I hear you talk about it?)

4 Various expressions can be used to consent to a request. such as わかりました or いい(です)よ.

5 If your request is accepted, be sure to thank the person. In this case, ありがとうございました (past tense) is not used.

6 When concluding the exchange, apologize for inconveniencing the person and say よろしくお願い(いた)します.

---

1 在开头加上 "お願いがあるんですが"、"今ちょっとよろしいですか" 等前置表达方式。提出简单请求时，也可以不使用前置或不用简单说明情况，立即使用提出委托的表达方式。此外，提出委托的表达方式也会经常使用单纯的提问形式。(→ D 聞いてみよう b・d)

2 等待对方的反应，然后在 "それで" 后使用提出委托的表达方式。

3 也可以不使用委托对方采取行动的表达方式 "～していただけないでしょうか"，而是采用要求允许自己采取行动的表达方式 "～（さ）せていただけないでしょうか"。
例如：話をしていただけないでしょうか。(您能谈谈吗？)→話を聞かせていただけないでしょうか。(能让我们听一下吗？)

4 表达应允时使用 "わかりました"、"いい(です)よ" 等。

5 如果对方应允，应表示感谢。不使用 "ありがとうございました"（过去式）。

6 最后说出道歉并使用 "よろしくお願い(いた)します"。

---

1 Đưa cách diễn đạt mào đầu vào trước tiên, như "お願いがあるんですが", "今ちょっとよろしいですか". Nếu là yêu cầu đơn giản thì không rào đón hay giải thích tình trạng đơn giản mà có thể sử dụng cách nói đề nghị ngay. Ngoài ra, phần lớn có thể sử dụng câu hỏi đơn giản như một cách diễn đạt lời đề nghị. (→ D 聞いてみよう b・d)

2 Chờ phản ứng của đối phương, sau đó sử dụng cách nói đề nghị tiếp theo sau "それで".

3 Thay cho cách diễn đạt đề nghị hành động của đối phương là "～していただけないでしょうか", cũng có thể sử dụng cách diễn đạt xin phép cho hành động của mình "～（さ）せていただけないでしょうか".
Ví dụ: 話をしていただけないでしょうか。(Anh/Chị có thể kể câu chuyện (cho tôi nghe) được không?) → 話を聞かせていただけないでしょうか。(Có thể cho tôi nghe câu chuyện được không?)

4 Sử dụng "わかりました", "いい（です）よ" v.v. như là cách nói đồng ý, chấp nhận.

5 Nếu đối phương chấp nhận thì nói cảm ơn. Không sử dụng (thì quá khứ) "ありがとうございました".

6 Cùng với từ xin lỗi ở cuối, sử dụng "よろしくお願い(いた)します".

基本の表現とていねい度

●依頼の前置き

F フォーマル	N ニュートラル	C カジュアル
できましたら	できれば／できたら	
申し訳ありませんが	すみませんが	悪いけど
お手数をおかけしますが		

●依頼するとき

F フォーマル	N ニュートラル	C カジュアル
～していただけないかと思いまして	～してもらえないかと思って	
～していただいてもよろしいでしょうか↘	～してもらってもいいですか	～してもらってもいい↗
～していただけないでしょうか↘	～してもらえないでしょうか↘	～してもらえない↗
～していただけませんか	～してもらえませんか	～してもらえる↗
		～して↗

C 練習しよう

1. モデル会話1を聞いて、ファムのパートがすらすら言えるように練習しなさい。

2. 「基本の表現とていねい度」を参考にして、【　　】が相手のときの依頼表現を練習しなさい。

(1)【**先生に**】自分の書いた作文を直してほしい。

(2)【**知り合いに**】待ち合わせの時間を変えてほしい。

(3)【**友だちに**】発表の順番を代わってほしい。
　　　　　　　　　はっぴょう　じゅんばん

順番(じゅんばん) order; turn／順序／thứ tự

3. **基本 7-1** を使って、依頼の練習をしなさい。

	相手	理由	依頼の内容
(1)	先生	勉強方法がよくわからない	相談の時間を取ってほしい
(2)	知り合い	横浜市のイベントの通訳を探している	通訳をしてほしい
(3)	レストランの店員	フォークを落とした	新しいものと取り替えてほしい
(4)	友だち	授業を休んであしたの宿題がわからない	教えてほしい

通訳(つうやく) interpreter／口译／phiên dịch

D 聞いてみよう

基本 7-1 を使ったいろいろなバリエーションを聞いてみましょう。

a. **先生に本を紹介してもらう。** F
　　　　　　しょうかい

·))) **U7-2**

ルー：先生、ちょっとお願いしたいことがあるんですが。

先生：はい、なんでしょう。

ルー：実は、せっかく日本にいるので日本の歴史についても知っておきたいと思いまして。
　　　　　　　　　　　　　　　　　　　れきし

先生：ルーさんの専門は日本文学でしたね。
　　　　　　　　せんもん

ルー：はい、でも歴史の知識は専門に役立つと思うんです。それで、もし何かおすすめの歴史
　　　　　　　　　　　　　　　やくだ
　　　の本がありましたら、ご紹介いただけないかと思いまして。

先生：うーん、そうですね……。

ルー：お手数をおかけしますが、もしお心当たりがありましたら、よろしくお願いいたします。
　　　　　　　　　　　　　　　　　こころあ

先生：わかりました。じゃ、ルーさんに合っていそうなものをいくつか紹介しますね。

ルー：ありがとうございます。よろしくお願いいたします。

心当たりがある(こころあたりがある) to have an idea; to ring a bell／心中有数、有线索／có suy đoán, có ý tưởng

b. 学校の事務室で、レターサイズの用紙をもらう。F U7-3

ペレス：すみません。

田中　：はい。あ、ペレスさん。

ペレス：あのう、レターサイズの紙はありますでしょうか。

田中　：はい、ありますよ。何枚(なんまい)ですか。

ペレス：３枚お願いします。

田中　：３枚ね。ちょっと待ってくださいね。（紙を取ってくる）はい、どうぞ。

ペレス：ありがとうございます。

c. レストランのエアコンが寒いので席を変更(へんこう)してもらう。N U7-4

客　：あの、すみません。

店員：はい。

客　：この場所、エアコンの風が当(あ)たって、ちょっと寒くて……。

店員：ああ、これは申し訳ございません。

客　：ここよりも風が当たらない席はありますか。

店員：そうですね……、ではあちらのお席をご用意しますので、少々お待ちください。

客　：すみません、お願いします。

席（せき）seat／座位／ghế, chỗ ngồi
変更する（へんこうする）to change／改变／thay đổi

d. 部下にコピーを頼む。C U7-5

課長：田中さん、悪いけどこの資料(しりょう)、会議(かいぎ)までに５部、コピーしておいてもらえる？

田中：はい。わかりました。５部ですね。

課長：よろしく。

部下（ぶか）one's staff; subordinate／属下／cấp dưới

e. 友だちに発表の順番を代わってもらう。C U7-6

ケン：あのう、ルバさん、実はお願いがあるんだけど……。

ルバ：うん、どうしたの？

ケン：実は来週の発表のことなんだけど、順番代わってもらえないかなと思って。来週はテストが２つもあって……。本当に悪いんだけど……。

ルバ：あー、残念(ざんねん)、私もその週はテストで忙しくて……。

場面2 依頼を断る
いらい　ことわ

A やってみよう

1. あなたは知り合いから、友だちに英会話を教えてあげてほしいと頼まれました。あなたは毎日宿題で忙しいし、英語はあまり使いたくないと思っています。依頼を断りなさい。
いらい　ことわ

�)) U7-7

2. モデル会話2を聞いて、下の **基本** 部分の下線部をうめなさい。

基本 7-2

吉田　：あのう、私の友だちが英会話を習いたがっているんですけど、

　　　　教えてやってもらえませんか。

アンリ：英会話＿＿＿＿＿＿＿＿。

吉田　：ええ。

アンリ：うーん、毎日、＿＿＿＿＿＿＿＿＿＿＿＿＿＿＿＿＿＿……。

　　　　それに、今、日本語を勉強しているので＿＿＿＿＿＿＿＿＿＿＿……。

　　　　＿＿＿＿＿＿＿＿＿＿＿＿＿＿＿＿＿＿＿＿＿＿。

吉田　：そうですか。うーん、残念ですね。
ざんねん

アンリ：＿＿＿＿＿＿＿＿＿＿＿＿＿＿＿＿＿＿＿＿＿＿。

3. 次のページの **基本** 部分を見て、1で自分が考えた表現とどのような点が違うかを確認しなさい。

B 基本部分を確認しよう

で囲んだ **基本** 部分に注意して、スクリプトを見ながらもう一度モデル会話2を聞きなさい。 **•)) U7-7**

基本 7-2

吉田①	：あのう、私の友だちが英会話を習いたがっているんですけど、
	教えてやってもらえませんか。
アンリ❶	：英会話ですか……。
吉田②	：ええ。
アンリ❷	：うーん、毎日、けっこう宿題で忙しくて……。
	それに、今、日本語を勉強しているので英語はちょっと……。
	大変申し訳ないんですが……。
吉田③	：そうですか。うーん、残念ですね。
アンリ❸	：お役に立てなくてすみません。

基本部分の流れと表現

依頼を断るときの **基本** 部分の流れと表現を確認しなさい。

アンリ

❶ 気が進まない表現　　　F N ～ですか……↘
　　　　　　　　　　　　　F N C うーん

❷ 断る状況の説明　　　　F N ～はできそうもありません
　　　　　　　　　　　　　F N C ～はちょっと……
　　　　　　　　　　　　　F N C ～て……

❷ 断る　　　　　　　　　F 大変申し訳ないんですが……
　　　　　　　　　　　　　F すみませんが……
　　　　　　　　　　　　　C 悪いんだけど……

❸ 謝罪　　　　　　　　　F お役に立てなくて申し訳ありません
　　　　　　　　　　　　　N お役に立てなくてすみません
　　　　　　　　　　　　　C ごめんね。／悪いね

基本部分の重要ポイント

基本 **7-2** の流れを使って、重要ポイントを確認しなさい。 N

		吉田①	：あのう、私の友だちが英会話を習いたがっているん ですけど、教えてやってもらえませんか。	基本 7-2
気が進まない表現	アンリ❶	：<u>　　（気が進まないこと）　　</u>。……。 1(a)
		吉田②	：ええ。
断る状況の説明	アンリ❷	：<u>　　（断る理由）　　</u> ……。
断る			<u>　　（断りの表現）　　</u> ……。 2
		吉田③	：そうですか。うーん、残念ですね。
謝罪	アンリ❸	：<u>　　（謝罪の表現）　　</u>。 1(b)(c)(d) 3

1 断るときは以下の点に注意する。

(a) 直接的な断りの表現「できません」「無理です」などはできるだけ言わないようにする。そのかわり、❶気が進まない表現、❷断る状況の説明、断る表現を、相手が受け入れるまで順に加えていく。

(b) 相手が「そうですか。わかりました」など、断りを受け入れたら、❸謝罪の表現を使う。

(c) ❷断る表現まで行っても相手が受け入れない場合は、相手が受け入れの表現を使う前でも❸謝罪の表現を使う。

(d) 申し訳ない気持ちが伝わるような声のトーン、言いよどみ、文末をあいまいにするなどの話し方も重要である。

2 相手との関係や依頼の内容によって、はっきりと断っても問題がない場合は、❷断る→断る状況の説明の順も可能（→ D 聞いてみよう a・d）。

3 すぐに返事ができない場合は、保留したり、条件を提示したりする（→ D 聞いてみよう b・c）。

---

1 Keep in mind the following pointers when turning down a request.

(a) When possible, avoid using direct expressions of rejection, such as できません or 無理です. Instead, work up to the refusal until the requester takes the hint: start with ❶気が進まない表現, followed by ❷断る状況の説明, and then 断る.

(b) When the requester acknowledges your refusal with an expression like そうですか。わかりました, ❸謝罪 use.

(c) If the requester still doesn't acknowledge your refusal after reaching step ❷, you can proceed to step ❸ without waiting for them to use an expression of acceptance.

(d) It is also important to use other methods of speaking to convey your regret for declining the request, such as tone of voice, hesitation fillers, and vague sentence endings.

2 In cases where your relationship with the requester or the nature of the request allow you to make a straightforward refusal, you can start with step ❷断り and follow with step ❷. (→D 聞いてみよう a・d)

3 If you are unable to immediately give an answer, ask for time to consider the request or state conditions for accepting it. (→D 聞いてみよう b・c)

---

1 拒绝时要注意以下几点。

(a) 尽量避免使用 "できません"、"無理です" 等直接表示拒绝的表达方式。相对应依次添加 ❶気が進まない表現、❷断る状況の説明、断る的表达方式，直到对方接受为止。

(b) 对方如果表示 "そうですか。わかりました" 等接受了拒绝，应使用 ❸謝罪的表达方式。

(c) 即使使用了 ❷断る的表达方式对方也不接受的话，应使用 ❸謝罪的表达方式，直到对方使用接受的表达方式。

(d) 传达歉意的语调、言语支吾和模糊句末等说话方式也很重要。

② 根据与对方的关系和委托内容，如果可以明确拒绝，也可以使用 ❷**断る**的表达方式→❷**断る状況の説明**的顺序。(→D 聞いてみよう a・d)

③ 如果无法立即回复，可以保留或提示条件。(→D 聞いてみよう b・c)

---

① Khi từ chối, lưu ý những điểm sau.

(a) Trong khả năng có thể, cố gắng không sử dụng cách nói từ chối trực tiếp như "できません", "無理です" v.v. Thay vào đó, tuần tự thêm vào cách diễn đạt ❶**気が進まない表現**, ❷**断る状況の説明**, **断る** cho đến khi đối phương chấp nhận.

(b) Nếu đối phương chấp nhận lời từ chối như "そうですか。わかりました" v.v. thì sử dụng cách diễn đạt ❸**謝罪**.

(c) Nếu đối phương không chấp nhận dù đã dùng đến cách diễn đạt ❷**断る** thì sử dụng cách diễn đạt ❸**謝罪** trước cả khi sử dụng cách diễn đạt khi đối phương chấp nhận.

(d) Lối diễn đạt, cách nói do dự, để câu lửng v.v. nhằm truyền đạt cảm giác khó xử cũng là những cách nói quan trọng.

② Tùy vào mối quan hệ với đối phương và nội dung của lời đề nghị, nếu có thể từ chối thẳng mà không có vấn đề gì thì có thể theo thứ tự ❷**断る** → **断る状況の説明**. (→D 聞いてみよう a・d)

③ Nếu không thể trả lời ngay thì trì hoãn, ra điều kiện. (→D 聞いてみよう b・c)

C 練習しよう

1. モデル会話2を聞いて、アンリのパートがすらすら言えるように練習しなさい。

2. **基本7-2** を使って、依頼を断る練習をしなさい。

	相手	依頼された内容	断る状況
(1)	先生	通訳	・自信がない ・月曜日が締め切りの作文を書かなくてはならない
(2)	知り合い	翻訳 ほんやく	・勉強が忙しい ・アルバイトがある
(3)	知り合い	スピーチ	・人前で話すのは苦手 ・日本語でする自信がない じしん
(4)	先輩 せんぱい	引っ越しの手伝い ひ　こ	・その日は午前はアルバイトがある ・午後は京都から友だちが遊びに来る きょうと

人前で(ひとまえで) in public／当众／trước mặt mọi người, chỗ công cộng
苦手な(にがてな) poor; weak／不擅长／không giỏi, dở

D 聞いてみよう

基本7-2 を使ったいろいろなバリエーションを聞いてみましょう。

a. 知り合いからの依頼（アルバイト）を断る。**F**　　　　　·)) U7-8

佐藤：リーさんにちょっとお願いしたいことがあるんだけどね。

リー：はい、なんでしょう。

佐藤：知り合いに頼まれたんだけど、コンピュータ・マニュアルの英訳のアルバイトをしてくれる人を探しているんですよ。
さが

リー：そうですか。

佐藤　：リーさんだったら日本語が上手だから、そんなに時間がかからないでできるだろうし…、どうですか。

リー　：あの、大変申し訳ないんですが、今、英会話のアルバイトもしているので、時間がないと思うんです。せっかくお声がけいただいたんですが……。

佐藤　：そうですか。わかりました。じゃ、ほかの人に声をかけてみます。

リー　：お役に立てなくて申し訳ありません。

声をかける(こえをかける) to call out to; to ask／打招呼／gọi, kêu

b. 依頼に対する返答を保留する。 **F** 🔊 U7-9

担当　：先日お話ししたご講演の件ですが、なんとかお引き受けいただけないでしょうか。

ファム：そうですね……。

担当　：ぜひ、よろしくお願いいたします。

ファム：少しお時間をいただいてもよろしいでしょうか。お引き受けできるかどうか、考えてみたいと思いますので。

担当　：あ、そうですか。わかりました。

ファム：一両日中にはメールでお返事しますので。

担当　：わかりました。お返事お待ちしております。

保留する(ほりゅうする) to withhold (a reply)／保留／bảo lưu
引き受ける(ひきうける) to accept; to undertake／接受／đảm nhận
一両日中(いちりょうじつちゅう) in a day or two／一两天内／trong một hai ngày

c. 条件を加えて依頼を受ける。 **F** 🔊 U7-10

担当　：週3回ぐらい教えていただけませんでしょうか。

ペレス：週3回はちょっと……。週2回ならなんとか……。

担当　：あ、そうですか。でしたら週2回でもやっていただければ助かります。

ペレス：わかりました。週2回ならできると思います。

担当　：そうですか。ありがとうございます。それでは、週2回、よろしくお願いします。詳細はまたメールでお知らせいたしますので。

ペレス：わかりました。よろしくお願いします。

d. 友だちからの依頼（引っ越しの手伝い）を断る。 **C** 🔊 U7-11

中村　：今度の日曜日、引っ越しをするんだけど、何もなければ、引っ越しの手伝いに来てくれない？

ゲルツ：今度の日曜日？　うーん、悪いんだけど、その日は約束があって……。

中村　：あ、そう。残念。

ゲルツ：行けなくてごめん。

まとめの練習

1 下線部をうめて、会話を完成させなさい。

(1) 先生に、奨学金の推薦状を依頼する。 **F**

グエン　：あのう、先生、＿＿＿＿＿＿＿＿＿＿＿＿＿＿＿＿＿＿＿＿。

木村　　：はい、なんでしょう。

グエン　：実は、今度、研究のための奨学金に申し込もうと思っているんです。

木村　　：あ、そうですか。

グエン　：はい。＿＿＿＿＿＿＿＿＿＿＿＿＿＿＿＿＿＿＿＿＿＿＿。

木村　　：わかりました。いいですよ。

グエン　：あ、ありがとうございます。

木村　　：締め切りはいつですか。

グエン　：来月の10日です。

木村　　：そうですか。わかりました。書いておきます。

グエン　：＿＿＿＿＿＿＿＿＿＿＿＿＿＿＿＿＿＿＿＿＿＿＿＿＿。

(2) 英語のチェックの依頼を断る。 **N**

鈴木　：あのう、英語でメールを書かなければならないんですけど、できればワンさん、
　　　　英語をチェックしてもらえませんか。

ワン　：英語のチェックですか……。

鈴木　：ええ。

ワン　：＿＿＿＿＿＿＿＿＿＿＿＿＿＿＿＿＿＿＿＿＿＿＿＿。
　　　　＿＿＿＿＿＿＿＿＿＿＿＿＿＿＿＿＿＿＿＿＿＿＿＿。

鈴木　：そうですか。わかりました。

ワン　：＿＿＿＿＿＿＿＿＿＿＿＿＿＿＿＿＿＿＿＿＿＿＿＿。

2 ペアを作り、AとBの役になって、依頼の練習をしなさい。

(1) **A**：学生　講師の仕事に就くための推薦状が必要になりましたが、締め切りまで1週間しかありません。昔の指導教授に、推薦状を書いてくれるよう依頼しなさい。推薦状には、人柄やリーダーシップなどの人物評価が含まれなければなりません。

B：先生　昔指導したAさんの依頼を引き受けなさい。

講師（こうし）lecturer; instructor／讲师／giáo viên
人柄（ひとがら）personality; character／为人／nhân cách, phẩm cách

(2) **A**：学生　あしたの教材を先生からもらいましたが、どこにいったか、見つからなくなってしまいました。先生に、もう一度教材をくれるよう頼みなさい。

B：先生　学生の依頼を引き受けなさい。

教材（きょうざい）teaching material／教材／tài liệu giảng dạy

(3) **A**：学生　あしたまでにレポートを書かなければならないのに、コンピュータが壊れてしまいました。友だちに、コンピュータを貸してくれるように頼みなさい。

B：友だち　友だちの依頼を断りなさい。

(4) **A**：先生　学生に、自分が書いた20ページの論文の英訳を頼みなさい。

B：学生　先生の依頼を断りなさい。

(5) **A**：知り合い　今度の日曜日の引っ越しの手伝いを頼みなさい。

B：知り合い　知り合いの依頼を断りなさい。

(6) **A**：＿＿＿＿　依頼する相手・依頼する内容を自分で考えて頼みなさい。

B：＿＿＿＿　引き受けるか断るか、自分で考えて答えなさい。

✉ メールを書いてみよう

(1) いつも教わっている先生に面談の依頼をする。

件名： 卒業発表についてのご相談

佐藤先生

上級日本語クラスのデラクルーズです。 ◀ あいさつ

卒業発表に関しまして、お願いがありましてメールをしました。[1] ◀ 用件

全体の構成や必要な資料とその探し方について、先生のご意見をうか ◀ 依頼
がいたいのですが、ご相談の時間をいただけませんでしょうか。

お忙しいところ申し訳ありませんが、何卒**よろしくお願いいたします**。[2] ◀ 結び

ジャスミン・デラクルーズ

(2) 会ったことのない先生に面会を依頼する。

件名： 研究室訪問につきましてのご相談

みなとみらい大学文学部歴史学科

田中史郎先生

突然メールを差し上げます失礼をお許しください。[3] ◀ あいさつ（謝罪）

私はスタンフォード大学大学院博士課程に在籍し、江戸と明治時代の ◀ 自己紹介
美術史を研究しておりますアレックス・ファン・フックと申します。
現在は、横浜にあるアメリカ・カナダ大学連合日本研究センターで日
本語を勉強しております。

スタンフォード大学大学院では、現在、博士論文のテーマでもある日 ◀ 事情の説明
本の洋画家について研究しております。とりわけ、明治時代の画家は
美術の理想的な形についてどう考えていたか、そして「美術」の誕生
にどう影響を与えたのかに興味があります。
田中史郎先生の著書『近代国家と美術』を拝読してから、先生のご研
究に深い関心を持つようになりました。

つきましては、[4] もしよろしければ田中先生に一度お目にかかりたく、 ◀ 依頼の内容
お願いのメールをお送りしました。お忙しいところ大変申し訳ありま
せんが、**ご検討いただければ幸いです。**[5]

どうぞよろしくお願いいたします。[2]　　　　　　　　　◀ 結び

スタンフォード大学大学院博士課程

アレックス・ファン・フック

在籍する（ざいせきする）to be enrolled／（学籍等）在册／trực thuộc, theo học
美術史（びじゅつし）art history／美术史／lịch sử Mỹ thuật
洋画家（ようがか）(Japanese) painter in the Western style／西洋画家／họa sĩ tranh phương Tây
理想的な（りそうてきな）ideal／理想的／lý tưởng
誕生（たんじょう）birth／诞生／sinh
近代（きんだい）modern age／近代／thời hiện đại
拝読する（はいどくする）to read／拜读／đọc
つきましては therefore; in response to／因此／vì thế
検討する（けんとうする）to examine／探讨、研究／cân nhắc
幸い（さいわい）fortunate; happy／幸好、幸运／may mắn, hạnh phúc

メールの重要ポイント

[1] クラスの担任教師に相談したいときなど、断られる可能性があまりない場合には、背景の説明や極端にていねいな表現を用いる必要はない。

[2] 依頼のメールでは、最後に「ありがとうございます」ではなく「よろしくお願いします」を用いる。

[3] 会ったことがない相手に初めてメールを送るときは、最初に「突然メールを差し上げます失礼をお許しください」「突然のメールで申し訳ありません」などの謝罪の表現を使うことが多い。

[4] 「つきましては」は書き言葉の接続詞で、状況説明の後、その状況で必要な対応を加える。

[5] 依頼の最後には、このように、「依頼内容が実現したらうれしい」ということを表すことで間接的に依頼する表現も使われる。

---

[1] In situations where it is unlikely that your request will be declined, such as when asking your class instructor for advice, you don't need to explain the situation or use extremely polite expressions.

[2] End your requests by email with よろしくお願いします, not ありがとうございます.

[3] Emails to strangers without any prior arrangements typically begin with expressions like 突然メールを差し上げます失礼をお許しください (Please forgive my rudeness for emailing you out of the blue) or 突然のメールで申し訳ありません.

[4] つきましては is a conjunction used in writing to link an explanation of a situation with a statement of the action necessitated by that situation.

[5] Requests sometimes end with an indirect expression of how the writer hopes that the object of the request will come to fruition.

---

[1] 在想和班主任商量时等不太可能被拒绝的情况下，不需要说明背景或使用极其礼貌的表达方式。

[2] 写委托邮件时，不要在最后使用"ありがとうございます"，而是使用"よろしくお願いします"。

[3] 在没有提前约定就给第一次打交道的人发送邮件时，开头经常会使用"突然メールを差し上げます失礼をお許しください（突然给您发邮件很抱歉，请原谅我的失礼）"、"突然のメールで申し訳ありません"等。

[4] "つきましては"是连词的书面表达，添加在说明情况后，描述在这种情况下的必要应对。

[5] 在提出委托的最后，也会使用这种通过表示"如果委托的内容能实现会很高兴"来间接提出委托的表达方式。

---

[1] Khi muốn trao đổi với giáo viên chủ nhiệm lớp v.v. mà không có khả năng bị từ chối thì không cần giải thích bối cảnh hay sử dụng cách diễn đạt cực kỳ lịch sự.

[2] Trong email đề nghị, sử dụng "よろしくお願いします" chứ không dùng "ありがとうございます" ở cuối thư.

[3] Khi gửi email cho đối phương lần đầu mà không hẹn trước thì thường sử dụng "突然メールを差し上げます失礼をお許しください (Xin thứ lỗi vì tôi gửi email đường đột)", "突然のメールで申し訳ありません" v.v. ở đầu thư.

[4] "つきましては" là cụm từ nối trong văn viết, sau khi giải thích tình trạng thì bổ sung đối ứng cần thiết trong tình trạng đó.

[5] Cuối lời đề nghị, cũng có thể sử dụng cách diễn đạt đề nghị gián tiếp bằng cách diễn tả việc "rất vui nếu nội dung đề nghị được thực hiện" như thế này.

(3) 先生に頼まれたスピーチを断る。

件名： Re:スピーチについてのお願い

加藤先生

いつもご指導ありがとうございます。　　　　　　　　　　　　　◀ あいさつ

3月12日の横浜市主催イベント「多文化共生のみらい」でのスピー　◀ 依頼へのお礼
チに**お声がけいただき、ありがとうございました。**[1]

私の専門とも関係があり、とても貴重な経験になるとは思いますが、　◀ 理由と断り
実は、10日から1週間の予定で、北海道で行われる学会に参加する
ことになっており、大変残念ですが**お引き受けすることができそうも
ありません。**[2]

せっかくお声がけいただいたのに申し訳ありません。　　　　　◀ 断ることへの謝罪
また何かありましたら、ご連絡いただければと思います。[3]

よろしくお願いいたします。　　　　　　　　　　　　　　　　　◀ 結び

ソムサック・ウー

主催（しゅさい）host／主办／sự tổ chức, ban tổ chức
多文化共生（たぶんかきょうせい）multicultural symbiosis／多文化共存／cộng sinh đa văn hóa
貴重な（きちょうな）precious／贵重的／quý giá

メールの重要ポイント

[1] 目上の人からの依頼を断る場合は、自分を信頼して依頼をしてくれたことに対してこのようにお礼を言うこと
　　が多い。また、できない理由の前に、本当はしたい、重要だと思う、といったことを加え、自分に利益がある
　　ように表現することも多い。
[2] 「**お引き受けすることができません**」の代わりに「**できそうもありません**」と言い、自分は引き受けたいが、状
　　況によって難しいというニュアンスを持たせて、よりていねいな断り表現にする。
[3] 依頼を断ったときによく使われる表現。

---

[1] When declining a request from a superior, it is common to add a remark like this to thank that person for having enough trust in you to make the request. It is also usual to preface the reason for refusal with a comment indicating how you would like to fulfill the request if possible and/or how you think the matter is important, so as to convey that you think performing the request would be of value to you as well.
[2] Instead of writing お引き受けすることができません, you can create a politer impression by using できそうもありません, which conveys that you would like to take up the request but circumstances prevent you from doing so.
[3] This expression is often used in messages turning down a request.

---

[1] 在拒绝前辈或级别较高的人的委托时，经常会对对方信任自己并给予委托表示感谢。此外，经常会在无法完成的理由前，添
　　加其实很想做或者觉得很重要等内容，来表达这件事对自己的有利。
[2] 不用 "お引き受けすることができません"，而是用 "できそうもありません" 替代，增加自己很想接受但目前情况很难接
　　受的含义，让拒绝的表达方式显得更礼貌。
[3] 拒绝委托时经常使用的表达方式。

1. Trường hợp từ chối đề nghị của người ở vị trí cao hơn mình, thường nói cảm ơn như thế này đối với việc tin tưởng mà đề nghị mình. Ngoài ra, trước khi nói lý do không thể làm thì thường diễn đạt như là có lợi cho bản thân mình bằng cách thêm vào ý thật ra mình muốn làm, mình cho là quan trọng.

2. Thay vì nói "お引き受けすることができません" thì nói "できそうもありません", diễn đạt cách từ chối lịch sự hơn với ý nghĩa là mình muốn nhận lời nhưng vì hoàn cảnh nên khó.

3. Là cách diễn đạt thường được sử dụng khi từ chối lời đề nghị.

✍ 書いてみよう

1. いつも教わっている日本語の先生に、作文のチェックをお願いするメールを書きなさい。

2. 以前お世話になった大学の先生に、奨学金の推薦状をお願いするメールを書きなさい。

3. 知り合いに頼まれた、週 1 回の英会話講師をしてくれないかとの依頼に対して、断るメールを書きなさい。

SNS での連絡

- SNSの文は、メールより短く、見やすく書く。
- 前置き表現は、親しい関係で簡単な用件なら省略してもよい。

- Compared with emails, messages sent via social media should be shorter and easier to read.
- When writing to someone you know well about a simple matter, you can omit prefatory expressions.

- 通过社交媒体发送的文章应比邮件更短简易读。
- 在关系亲密的人之间，如果事情简单，也可以省略前置表达方式。

- Câu trên mạng xã hội thì viết ngắn, dễ đọc hơn email.
- Cách diễn đạt mào đầu có thể được giản lược nếu là mối quan hệ thân thiết và điều kiện đơn giản.

> こんにちは
> この間同窓会幹事で集まったとき、同窓会名簿を新しくしようという話になりました
> もし住所やメールアドレスの変更がありましたらお知らせください

> 山田先輩、ありがとうございます
> 私は特に変更ありません
> よろしくお願いします

> 山田くん、お疲れさま
> 4月から住所が変わるので変更をよろしく
> 新住所は横浜市西区XXXXです

同窓会（どうそうかい）alumni association／同学聚会／họp lớp
幹事（かんじ）organizer／干事／thư ký
名簿（めいぼ）member list／名簿／danh sách
変更する（へんこうする）to change／改变／thay đổi

ロングさんの会話の進め方には問題があります。問題点を考えなさい。

1

ロング：先生、お願いしたいことがあります。

先生　：えっ、あ、はい、なんでしょう。

ロング：国際交流基金の奨学金に申し込むから、推薦状を書いていただきたいです。

先生　：あ、そうなんですか。締め切りはいつですか。

ロング：来月末です。

先生　：そうですか……。わかりました。書いておきます。

ロング：ありがとうございました。

2

田中　：あのう、私の友だちが、英会話を習いたがっているんですけど、教えてやってもらえませんか。

ロング：毎日、宿題で忙しいし、英語はあまり使いたくないから、したくありません。

田中　：あ、そうですよね……。すみません、変なこと頼んじゃって。

ロング：いえ、よろしくお願いします。

いっしょに行きませんか

誘う・誘いを受ける／断る
さそ　　　さそ　　　　ことわ

ユニットの目標

◎ 相手に配慮しながら、誘ったり、誘いを受けたりすることができる。
あいて　はいりょ　　　　さそ

I can extend and accept invitations in a way showing consideration to others.／能够在顾及到对方情况下，邀请和接受邀请。／Có thể vừa quan tâm đến đối phương vừa mời hoặc nhận lời mời.

◎ 相手を不快にさせずに、誘いを断ることができる。
あいて　ふかい　　　　　さそ　ことわ

I can decline an invitation without offending the person who made it.／能够在不让对方扫兴的情况下，拒绝邀请。／Có thể từ chối lời mời mà không làm đối phương khó chịu.

場面1 知り合いからの誘いを受ける
ばめん　　　さそ

A やってみよう

1. 山田さんは、最近、大学の交流会で知り合った友人です。山田さんは、知り合いから文楽のチケットを2枚も
やまだ　　　　さいきん　　　　こうりゅうかい　　　　　　ゆうじん　　　　　　　　　　　　　　　　ぶんらく　　　　　まい
らったのであなたを誘います。あなたも行きたいと思います。山田さんの誘いを受けてください。
さそ

交流会(こうりゅうかい) networking event／交流会／tiệc giao lưu
文楽(ぶんらく) Bunraku; traditional Japanese puppet theater／文乐／(loại hình nghệ thuật) Bunraku

2. モデル会話1を聞いて、下の **基本** 部分の下線部をうめなさい。　　　　　　　·)) U8-1
きほん　ぶぶん　かせんぶ

基本 8-1

山田　：ヤングさん、ヤングさんは_____。

ヤング：文楽ですか。興味はあるんですが、まだ見たことはないんです。
ぶんらく　　きょうみ

山田　：そうですか。_____、知り合いから_____が、

_____。

ヤング：え、_____。

山田　：もちろん。来週の土曜日、4時からなんですけど、_____。

_____は、文楽劇場です。
げきじょう

ヤング：来週の土曜日……、あ、_____。じゃ、_____。

山田　：じゃあ、_____。

ヤング：_____。一度、見てみたかったんです。

3. 次のページの **基本** 部分を見て、1で自分が考えた表現とどのような点が違うかを確認しなさい。
つぎ　　　　　　　　　　　　　　　　　　　　　　　ひょうげん　　　　　　　ちが　　　かくにん

143

で囲んだ **基本** 部分に注意して、スクリプトを見ながらもう一度モデル会話1を聞きなさい。 •))) **U8-1**

基本 8-1

山田① ：ヤングさん、ヤングさんは文楽に興味がありますか。

ヤング❶：文楽ですか。興味はあるんですが、まだ見たことはないんです。

山田② ：そうですか。実は、知り合いからチケットを2枚もらったんですが、
よかったらいっしょに行きませんか。

ヤング❷：え、いいんですか。

山田③ ：もちろん。来週の土曜日、4時からなんですけど、大丈夫ですか。
場所は、文楽劇場です。

ヤング❸：来週の土曜日……、あ、大丈夫です。じゃ、ぜひ。

山田④ ：じゃあ、いっしょに行きましょう。

ヤング❹：はい、ありがとうございます。一度、見てみたかったんです。

基本部分の流れと表現

誘うとき、誘いを受けるときの **基本** 部分の流れと表現を確認しなさい。

山田（誘う人）	ヤング（誘われる人）	
① **相手の状況確認**		**F** **N** ～に（ご）興味（が）ありますか **F** **N** ～日は、空いていますか **C** ～日、空いてる ↗
	❶ **応答**	**F** **N** はい、興味あります **F** **N** はい、空いています **C** 空いてるよ
② **事情説明**		**F** **N** 実は、～んですが **C** ～んだけど
② **誘い**		**F** よろしかったら、いかがですか **N** よかったら、～しませんか **C** ～しない ↗

2 確認　　　　**F** よろしいんですか

N いいんですか

C いいの ↗

3 4 誘いを
　　受ける　　　**F** （ありがとうございます。） では、 ぜひ

N （ありがとうございます。） じゃ、 ぜひ

C （ありがとう。） じゃ、 よろしく

基本部分の重要ポイント

基本8-1 の流れを使って、重要ポイントを確認しなさい。 **N**

相手の状況確認　山田①　：ヤングさんは＿＿＿（興味があるか、予定が空いているかの確認）＿＿＿。 [1] [2]　**基本 8-1**

応答　　　　　　ヤング❶：はい、興味あります／好きです。

事情説明　　　　山田②　：そうですか。実は、＿＿＿（誘う内容の事情説明）＿＿＿んですが、

誘い　　　　　　　　　　　＿＿＿（誘いの表現）＿＿＿。 [3]

確認　　　　　　ヤング❷：＿＿＿（いっしょに行っていいかの確認）＿＿＿。 [4]

山田③　：もちろん。

誘いを受ける　　ヤング❸❹：＿＿＿（誘いを受ける表現・お礼）＿＿＿。

[1] 誘いの表現の前には、相手の状況を確認するために、趣味・興味・好き嫌い、経験、予定を聞いたりする。

[2] 相手と趣味・興味・好き嫌いを共有している場合は、相手の状況確認を省略して誘うこともできる。

[3] 目上の相手に対しては、直接誘う表現より、都合を聞いて間接的に誘う表現や依頼の表現を使う。（→ D 聞いてみよう a）

例：学生の集まりに先生を誘う場合

「先生もごいっしょにいかがですか」「先生もぜひいらしてください」

[4] 誘いを受ける前に、「いいんですか」などの確認の表現を使う。

[1] Before stating an invitation, find out the person's situation by asking about their hobbies, interests, likes/dislikes, experiences, and plans.

[2] You can skip the process of finding out more about the person if both of you already share the same hobbies, interests, and likes/dislikes.

[3] When inviting a superior, instead of making a direct invitation, it's better to use an indirect expression asking about their availability or an expression of request. （→ D 聞いてみよう a）

例： When inviting a professor to a student gathering

「先生もごいっしょにいかがですか」「先生もぜひいらしてください」

[4] When accepting an invitation, use いいんですか or another expression seeking confirmation.

[1] 在表示邀请之前，应询问对方的兴趣爱好、好恶、经验、计划，以确定对方的情况。

[2] 如果已与对方分享兴趣爱好、好恶，也可以不用确认，直接邀请。

3 邀请前辈或级别较高的人时，会询问是否有空，使用间接表达方式或提出委托的表达方式，而不是直接表达。(→ D 聞いて
みよう a)

例：邀请老师去学生聚会时
「先生もごいっしょにいかがですか」「先生もぜひいらしてください」

4 接受邀请时，使用"いいんですか"等用于确认的表达方式。

1 Trước cách diễn đạt lời mời, để xác nhận tình trạng của đối phương thì hỏi sở thích / mối quan tâm / yêu ghét, kinh nghiệm, dự định
của họ.

2 Trường hợp có chung sở thích / mối quan tâm / yêu ghét như đối phương thì có thể giản lược việc xác nhận khi mời.

3 Đối với người ở vị trí cao hơn, sử dụng cách diễn đạt hỏi sự thuận tiện của họ rồi mời gián tiếp hoặc đề nghị thay vì mời trực tiếp. (→
D 聞いてみよう a)

例：Trường hợp mời giáo viên tham gia buổi tụ tập / tập hợp của sinh viên
「先生もごいっしょにいかがですか」「先生もぜひいらしてください」

4 Khi nhận lời mời, sử dụng cách diễn đạt xác nhận lại như "いいんですか" v.v.

基本の表現とていねい度

●相手の状況や興味を聞く

F フォーマル	N ニュートラル	C カジュアル
～にご興味（が）ありますか	～に興味ありますか	～って興味ある ↗
～はお好きですか	～は好きですか	～って好き ↗
～は～た（尊敬語）ことがありますか	～は～したことがありますか	～って～したことある ↗
（日時）はご予定がありますか	（日時）は予定がありますか	（日時）、予定ある ↗

●誘う

F フォーマル	N ニュートラル	C カジュアル
～はいかがでしょうか ↘	～はどうですか	～はどう ↗
～（尊敬語）しませんか	～しませんか	～しない ↗
	～しましょう（よ）	～しよう（よ）

●誘う（相手の同意がほぼ得られている場合）

F フォーマル	N ニュートラル	C カジュアル
～しましょうか ↘		～しようか ↘

146

● 誘いを受ける（感謝・希望・喜びを伝える）

F フォーマル	**N** ニュートラル	**C** カジュアル
ぜひ〜したいと思っていました		〜したかったんだ
楽しみにしております	楽しみにしています	わーい！　やったー！
喜んで／ぜひ〜させていただきます		うれしい！

● 誘いを受ける（依頼の形で）

F フォーマル	**N** ニュートラル	**C** カジュアル
（ぜひ）よろしくお願いします		
（ぜひ）ごいっしょさせてください		

C 練習しよう

1. モデル会話1を聞いて、ヤングのパートがすらすら言えるように練習しなさい。

2. **基本8-1** を使って、誘う練習をしなさい。

	相手	誘う内容
(1)	先輩	プロ野球の試合のチケットが2枚ある
(2)	友だち	学校で映画のチケットをもらった
(3)	同僚	横浜美術館でおもしろそうな展覧会が開かれている
(4)	友だち	友人のバンドがライブに出演する

プロ野球（プロやきゅう）professional baseball／职业棒球／bóng chày chuyên nghiệp
試合（しあい）game; match／比赛／trận đấu
美術館（びじゅつかん）art museum／美术馆／bảo tàng nghệ thuật
展覧会（てんらんかい）exhibition／展览会／triển lãm
出演する（しゅつえんする）to appear; to perform／参加演出／biểu diễn

D 聞いてみよう

基本8-1 を使ったいろいろなバリエーションを聞いてみましょう。

a. 先生を研究室の食事会に誘う。 F   ·))) U8-2

チャン：先生、今ちょっとよろしいでしょうか。

先生　：なんですか、チャンさん。

チャン：実は、もうすぐ学期が終わるので、研究室のみんなで食事会をしようって言ってるんです。

先生　：そう。

チャン：それで、ぜひ先生にもご出席いただきたいのですが、ご都合いかがでしょうか。

先生　：いつですか。

チャン：再来週の木曜日のゼミの授業のあと、7時ごろからです。

先生　：再来週の木曜日ですね……、はい、大丈夫です。出席します。

チャン：ありがとうございます。みんな喜びます！　よろしくお願いします。

先生　：私も楽しみにしています。

b. 同僚から、日時の決まった誘いを受け、あいまいに答える。 N   ·))) U8-3

田中：ヤンさん、金曜日の夜は何か予定ありますか。

ヤン：えっ、なんで？

田中：同じ課のみんなで食事に行こうって言ってるんだけど、ヤンさんもどうですか。

ヤン：あ、いいですねえ、で、どこに行くんですか。

田中：まだ決まってないんですけど、今、島岡さんがお店探してます。

ヤン：ふうん、そうですか、たぶん大丈夫です。

田中：場所が決まったらまた連絡しますね。

ヤン：はい、よろしくお願いします。

あいまい vague／模糊／mơ hồ

c. 同級生を映画に誘う。 C   ·))) U8-4

ロペス：ボイトさん、あの映画、もう見た？

ボイト：ううん、まだ。行こうと思ってるんだけど、なかなか時間がなくて。

ロペス：じゃあ、週末、いっしょに見に行かない？

ボイト：あ、行く行く。土曜日でもいい？

ロペス：いいよ。えっと……、桜木町の映画館で10時20分のがあるけど、どう？

ボイト：そうだね、午前中のほうがいいな。

ロペス：じゃ、10時20分のにしよう。ネットでチケット予約しておくよ。

ボイト：あ、いい？　ありがとう。お願いします。

場面2 友人の誘いを断る
さそ　　ことわ

A やってみよう

1. 田中さんは、最近、大学の交流会で知り合った友人です。田中さんは、知り
   たなか　　　さいきん
   合いから能のチケットを2枚もらったので、あなたを誘います。理由を言っ
   のう　　　　　　まい　　　　　　　　さそ　　　　りゆう
   て上手に断ってください。
   ことわ

   能（のう）Noh; traditional Japanese masked drama／能（一种日本传统艺术）／kịch Noh

2. モデル会話2を聞いて、下の **基本** 部分の下線部をうめなさい。　　　　　　　📢 **U8-5**

基本 8-2

田中　：そうですか。実は、知り合いからチケットを2枚もらったんですが、
　　　　　　　　　　じつ　　　　　　　　　　　　　　　　　　　　まい

　　　　よかったらいっしょに行きませんか。

クマル：＿＿＿＿＿＿＿＿＿＿＿＿＿＿＿＿＿＿＿、能はとても美しいと思いますが、
　　　　　　　　　　　　　　　　　　　　　　　　のう

　　　　言葉が難しくて＿＿＿＿＿＿＿＿＿＿＿＿＿＿＿＿＿＿＿＿＿＿……。
　　　　ことば　むずか

田中　：そうですよね。でも、日本人にも難しいので、全部わからなくても大丈夫なん
　　　　　　　　　　　　　　　　　　　　　　　　　　　　　　　　だいじょうぶ

　　　　ですよ。

クマル：そうですか。でも、やはり言葉がわからないと＿＿＿＿＿＿＿＿＿＿＿＿＿、

　　　　＿＿＿＿＿＿＿＿＿＿、実はレポートの＿＿＿＿＿＿＿＿＿＿＿＿＿＿＿＿。

田中　：ああ、そうですか。

クマル：ええ。

田中　：じゃあ、また今度、時間があるときに行きましょう。

クマル：ええ、＿＿＿＿＿＿＿＿＿＿＿＿＿＿＿＿＿＿＿＿すみません。

3. 次のページの **基本** 部分を見て、1で自分が考えた表現とどのような点が違うかを確認しなさい。

B 基本部分を確認しよう

で囲んだ **基本** 部分に注意して、スクリプトを見ながらもう一度モデル会話2を聞きなさい。 •)) U8-5

田中① ：クマルさん、能を見たことがありますか。

クマル❶ ：ええ、前にテレビで少し見たことがあります。

田中② ：そうですか。実は、知り合いからチケットを2枚もらったんですが、　　　基本8-2
　　　　　よかったらいっしょに行きませんか。

クマル❷ ：うーん、そうですね、能はとても美しいと思いますが、**言葉が難しくてほとんど**
　　　　　わかりませんし……。

田中③ ：そうですよね。でも、日本人にも難しいので、全部わからなくても大丈夫な
　　　　　んですよ。

クマル❸ ：そうですか。でも、やはり言葉がわからないとストーリーもわかりませんし、
　　　　　それに、実はレポートの締め切りがせまっていて……。

田中④ ：ああ、そうですか。

クマル❹ ：ええ。

田中⑤ ：じゃあ、また今度、時間があるときに行きましょう。

クマル❺ ：ええ、せっかく誘ってくださったのに、すみません。

基本部分の流れと表現

依頼を断るときの **基本** 部分の流れと表現を確認しなさい。

クマル（誘われる人）	田中（誘う人）
❷ **断る前置き**	**F** **N** そうですね、興味はあるんですが **F** **N** そうですね、とても〜と思いますが **C** うーん…興味はあるんだけど
❸ **断る理由**	**F** **N** （言葉が難しくてわかりません）し…… **F** **N** （その日はほかの約束がありまし）て…… **C** （予定があっ）て……
④ **了解**	**F** **N** そうですか、わかりました **C** うん、わかった

150

⑤ 断ったことを
謝る
あやま

F せっかく誘ってくださったのに、申し訳ありません
N せっかく誘ってくれたのに、すみません
C せっかく誘ってくれたのに、ごめんね

基本部分の重要ポイント

基本**8-2** の流れを使って、重要ポイントを確認しなさい。**F**

基本 8-2

	田中②	：実は、知り合いからチケットを２枚もらったんですが、よかったらいっしょに行きませんか。
断る前置き	クマル❷	：うーん、そうですね、____(断る前の簡単な説明)____ ……。 [1] かんたん
	田中③	：そうですよね。
断る理由	クマル❸	：____(断る理由の詳しい説明)____ ……。[2] くわ
了解	田中④	：そうですか。わかりました。
断ったことを謝る	クマル❺	：____(謝りの表現)____ 。[3]

[1] 誘いを断る時は、相手に配慮して以下のようなストラテジーを組み合わせて断る。
あいて　はいりょ

(a) 「そうですね」「楽しそうなんですが」などの前置きを入れる。

(b) 直接的な断りの表現「行きません」「行けません」「お断りします」「きらいです」などはできるだけ言わな
ちょくせつてき
いようにして、断る理由を「〜し……」「〜て……」などを使って言い、文を最後まで言わない形を使う。
さいご　　　　かたち
申し訳ない気持ちが伝わる話し方も重要である。
もう　わけ

(c) 相手が「そうですか」などと断りを受け入れたら、謝罪の表現を使う。謝罪が早すぎると、一方的に断っ
ているように感じられるので、注意する。

[2] 直接的に断っても問題がない時は、❸断る理由→❺謝罪、❺謝罪→❸断る理由の順でもいい。（→ D 聞いてみ
ようd・e）

[3] 次回への期待を表す時は、「また機会がありましたら、ぜひ声をかけてください」「また誘ってください」など
きたい
と言う。

[4] すぐ返事ができない場合は、保留したり、条件を提示したりする。（→ D 聞いてみよう b）
ほりゅう　　じょうけん　ていじ

[1] When turning down someone's invitation, use a combination of the following strategies for showing consideration to that person.

(a) Lead your response with an expression like そうですね or 楽しそうなんですが.

(b) Try your best to avoid using expressions that directly reject invitations, such as 行きません / 行けません / お断りします / きら
いです. Instead, state the reason why you can't accept the invitation and end it with an elliptical pattern like 〜し…… or 〜て
…… without actually saying that you are declining. It's also important to speak in a manner that conveys your regret.

(c) When the inviter acknowledges your rejection with そうですか or a similar expression, then respond with an expression of
apology. Note that if you apologize too early, you may end up sounding like you are flat-out rejecting the invitation."

[2] In cases where it is acceptable to directly turn down an invitation, you can respond in the order of ❸断る理由 (reason for
declining)→ ❺謝罪 (apology), or vice versa. (→D 聞いてみよう d・e)

[3] Expressions for conveying that you wish to be invited again in the future include また機会がありましたら、ぜひ声をかけてくだ
さい or また誘ってください.

④ If you are unable to immediately give an answer, ask for time to consider the invitation or state conditions for accepting it. （→D 聞いてみよう b）

① 在拒绝邀请时，要顾及到对方，并搭配如下策略来拒绝。
  (a) 添加 "そうですね"、"楽しそうなんですが" 等前置表达方式。
  (b) 尽量避免使用 "行きません"、"行けません"、"お断りします"、"きらいです" 等直接拒绝的表达方式，而应使用 "～し……"、"～て……" 等来说明拒绝理由，并使用在最后不说出句子的形式。传达歉意的说话方式也很重要。
  (c) 对方如果表示 "そうですか" 等接受了拒绝，应使用道歉的表达方式。如果道歉太快，会让人觉得是单方面拒绝，因此要注意。
② 在即使直接拒绝也没有问题的情况下，也可以按照❸断る理由→❺謝罪、❺謝罪→❸断る理由的顺序。（→D 聞いてみよう d・e）
③ 在表达对下次的期待时，会说 "また機会がありましたら、ぜひ声をかけてください"、"また誘ってください" 等。
④ 如果无法立即回复，可以保留或提示条件。（→D 聞いてみよう b）

① Khi từ chối lời mời thì nên quan tâm đến đối phương và kết hợp các cách nói như sau để từ chối.
  (a) Đưa những câu mào đầu vào như "そうですね", "楽しそうなんですが" v.v.
  (b) Cố gắng không nói những cách diễn đạt từ chối trực tiếp như "行きません", "行けません", "お断りします", "きらいです" v.v. mà dùng "～し……", "～て……" v.v. để nói lý do từ chối, sử dụng hình thức không nói hết câu. Cách nói truyền tải được cảm giác ái ngại, có lỗi cũng rất quan trọng.
  (c) Nếu đối phương tiếp nhận lời từ chối bằng "そうですか" v.v. thì sử dụng cách diễn đạt xin lỗi. Nếu xin lỗi sớm quá thì sẽ có cảm giác như từ chối một chiều nên hãy lưu ý.
② Khi từ chối trực tiếp cũng không có vấn đề gì thì có thể sử dụng theo thứ tự sau ❸断る理由→❺謝罪, ❺謝罪→❸断る理由. （→D 聞いてみよう d・e）
③ Khi diễn tả sự kỳ vọng vào lần tới thì nói "また機会がありましたら、ぜひ声をかけてください", "また誘ってください" v.v.
④ Trường hợp không thể trả lời ngay thì khất lại hoặc đưa ra điều kiện. （→D 聞いてみよう b）

基本の表現とていねい度

●断る前置き：断るのが残念なことを示す

F フォーマル	N ニュートラル	C カジュアル
おもしろそうだと思いますが…		おもしろそうなんだけど…
ぜひ行きたいんですが…		行きたいんだけど…

●断る理由

F フォーマル	N ニュートラル	C カジュアル
～はあまり詳しくありませんし…		～はあまり詳しくなくて…
もうすぐ～がありますし…		もうすぐ～があるし…

●断ったことを謝る

F フォーマル	N ニュートラル	C カジュアル
～できず、申し訳ありません	～できず、すみません	～できなくてごめんね
せっかく誘ってくださったのに申し訳ありません	せっかく誘ってくれたのにすみません	せっかく誘ってくれたのにごめんね

● 保留する（すぐに返事ができない場合）

F フォーマル	**N** ニュートラル	**C** カジュアル
お返事、少しお待ちいただけますか	お返事、待ってもらえますか	返事、ちょっと待って
ちょっと考えさせていただけますか	ちょっと考えさせてもらえますか	ちょっと考えさせて

保留する（ほりゅうする）to withhold (a reply)／保留／bảo lưu

● 条件を提示する

F フォーマル	**N** ニュートラル	**C** カジュアル
（別の日）なら行けるのですが…		（別の日）なら行けるんだけどな…
遅れて参加してもよろしければ…		遅れてもよければ…

C 練習しよう

1. モデル会話2を聞いて、クマルのパートがすらすら言えるように練習しなさい。

2. **基本8-2** を使って、相手の誘いを断る練習をしなさい。

	相手	誘われた内容	断る理由
(1)	先輩 せんぱい	歌舞伎の切符を2枚もらった か ぶ き	言葉がわからなくて難しそうだ
(2)	先生	国際交流のイベントがある	知らない日本人と話す自信がない じ しん
(3)	友だち	人気アイドルグループのコンサートの 切符を手に入れた	アイドルのことはよく知らない
(4)	友だち	この近くにおいしいラーメン屋がある	脂っこいものは苦手だ あぶら

国際交流（こくさいこうりゅう）international exchange／国際交流／giao lưu quốc tế
アイドル idol／偶像／thần tượng
手に入れる（てにいれる）to obtain／入手／có được
脂／油っこい（あぶらっこい）fatty; oily／脂肪／油膩／nhiều dầu mỡ, béo

D 聞いてみよう

基本8-2 を使ったいろいろなバリエーションを聞いてみましょう。

a. 年上の知人の誘いを断る。 F　　　　　　　　　　　　　　　　　　　•))) U8-6

山本　：クマルさん、日本文化に興味あるって言ってたよね。

クマル：あ、はい。

山本　：実は、今度茶道サークルをつくることになって、今、人を集めてるところなんだけど、よかったらどう？

クマル：茶道ですか。一度、京都のお寺で飲んだことがありますけど、難しそうですね。

山本　：うん、まあね。でも、基礎から少しずつ練習していけば、だれでもちゃんとできるようになるよ。先生もすごく優しそうな人だよ。

クマル：そうですか。お稽古はいつするんですか。

山本　：まだ曜日は決まってないけど、週1回平日の夜になると思うよ。

クマル：うーん、茶道に興味はあるんですけど、今は勉強が忙しくて……。平日の夜は宿題があるので、毎週通うのはちょっと……。

山本　：そうか。難しいか。

クマル：はい。せっかくお声をかけてくださったのに、すみません。時間に余裕があれば、ぜひ参加したいんですけど。

山本　：うん、まあ、今は勉強が優先だよね。また、何かイベントがあったら誘うよ。

クマル：はい、ありがとうございます。よろしくお願いします。

稽古 (けいこ) practice／练习／sự tập học, buổi học luyện
優先 (ゆうせん) priority／优先／sự ưu tiên

b. 先生を交流会に誘う（参加を依頼する）。先生は返事を保留する。 F　　　•))) U8-7

チャン：先生、今ちょっとよろしいですか。

先生　：はい、どうぞ。

チャン：実は、来月3日の夜、渋谷で、卒業生との交流会があるんです。ご都合がよろしければ、先生にもぜひおいでいただきたいと思うのですが……。

先生　：3日……、金曜日ですね……。

チャン：ええ、今回、卒業生のヤンさんやフォンさんもいらっしゃる予定で、先生にぜひお目にかかりたいとおっしゃっているそうなんです。

先生　：ああ、懐かしいですね。今、日本にいるんですね。

チャン：そうなんです。ぜひいらっしゃってください。

先生　：そうですね。わかりました。お返事はちょっと待ってください。2、3日中にはお返事しますので。

チャン：はい、よろしくお願いします。

c. 同僚からの日時の決まった誘いを断る。N　　　　　　　　◀)) U8-8

田中：ヤンさん、再来週火曜日の夜、空いてますか。

ヤン：再来週ですか……。

田中：うん、同じ課のみんなで、上半期の打ち上げをしようと思ってるんですけど。

ヤン：あー、おもしろそうですけど、私、再来週の前半は九州に出張が入ってるんですよ。
　　　　　　　　　　　　　　　　　　　きゅうしゅう　しゅっちょう

田中：あ、そうだったんですね。

ヤン：すみません。

田中：じゃ、再来週の後半のほうがいいかなあ。

ヤン：いえ、皆さんのご都合もあるでしょうから、どうぞ火曜日で進めてください。

田中：いいんですか。

ヤン：はい、次回はぜひ参加しますから。

田中：ええ、次はぜひ。

上半期（かみはんき）first half of the year／上半年／nửa đầu
打ち上げ（うちあげ）end-of-term party／庆功／liên hoan tổng kết, tiệc mừng công

d. 友人の誘いを断る（理由を言わない）。C　　　　　　　　◀)) U8-9

学生：ねえ、今日このあと、カラオケ行かない？

友人：ごめん、今日は無理。
　　　　　　　　　　　む　り

学生：えー、残念。
　　　　　ざんねん

友人：ごめん。また今度誘ってよ。

e. 上司からの二次会（食事会の後の飲み会）の誘いをはっきり断る。F　　◀)) U8-10
　じょうし

山本：ヤンさん、二次会行かない？
　　　　　　　　　に　じ　かい

ヤン：いえ、もう遅いので……。

山本：えー、まだ10時だよ。行こうよ。

ヤン：すみません……、今日はこれで失礼します。
　　　　　　　　　　　　　　　　しつれい

まとめの練習

1 下線部をうめて、会話を完成させなさい。

(1) 年上の知人を能に誘う。 F

リン：中山さん、能に＿＿＿＿＿＿＿＿＿＿＿＿＿＿＿＿＿＿＿＿＿＿。

中山：ええ、あまり見たことはありませんけど。

リン：実は、＿＿＿＿＿＿＿＿＿＿＿＿＿＿＿＿＿＿＿んです。

　　　それで、＿＿＿＿＿＿＿＿＿＿＿＿＿＿＿＿＿＿＿。

中山：え、いいんですか。

リン：ええ、もちろんです。

　　　＿＿＿＿＿＿＿＿＿＿＿＿＿からなんですけど、＿＿＿＿＿＿＿＿＿＿＿＿＿＿＿。

中山：来週の土曜日、4時から……はい、大丈夫です。

リン：じゃあ、よろしくお願いします。

中山：＿＿＿＿＿＿＿＿＿＿＿＿＿＿＿＿＿＿＿。

(2) 同僚からの誘いを断る。 N

横山　：ジャンさん、金曜の夕方、みんなでご飯を食べに行くんですけど、ジャンさんも
　　　　どうですか。

ジャン：＿＿＿＿＿＿＿＿＿＿＿＿＿＿＿＿＿＿＿＿＿＿＿。

横山　：都合悪いですか。

ジャン：＿＿＿＿＿＿＿＿＿＿＿＿＿＿＿＿＿＿＿＿＿＿＿。

横山　：そうですか、わかりました。

ジャン：＿＿＿＿＿＿＿＿＿＿＿＿＿＿＿＿＿＿＿＿＿＿＿。

横山　：いえいえ、また今度誘いますね。

ジャン：＿＿＿＿＿＿＿＿＿＿＿＿＿＿＿＿＿＿＿＿＿＿＿。

(3) 先輩からの誘いに返事を保留する。 N

田中　：ホワンさん、クラシックに興味ある？

ホワン：ええ、＿＿＿＿＿＿＿＿＿＿＿＿＿＿＿＿＿＿＿＿＿＿……。

田中　：友だちからコンサートのチケットを2枚もらったんだけど、いっしょに行かない？

ホワン：＿＿＿＿＿＿＿＿＿＿＿＿＿＿＿＿＿。で、いつですか。

田中　：来週の火曜日7時からだけど。

ホワン：あ、すみません。＿＿＿＿＿＿＿＿＿＿＿＿＿＿＿＿＿＿＿＿＿。

2　ペアを作り、AとBの役になって、誘ったり、誘いを受けたりする練習をしなさい。

(1)　A：学生　チーズケーキがおいしそうなケーキ屋を見つけました。授業の後で行ってみようと思います。友人を誘いなさい。

　　　B：学生　友人のAさんが、ケーキ屋に行こうと言います。誘いを受けなさい。

(2)　A：ゼミの後輩　東京の神保町の古本屋は専門書がたくさんあると聞きました。日曜日に行ってみようと思います。ゼミの先輩を誘いなさい。

　　　B：ゼミの先輩　後輩のAさんが、東京の神保町に行こうと言います。誘いを受けなさい。

(3)　A：会社員　今度の土曜日の相撲のチケットを2枚もらいました。場所は国技館（JR両国駅近く）で、午後4時過ぎから有名な力士が出てくるそうです。同僚を誘いなさい。

　　　B：会社員　同僚のAさんが、相撲に行こうと言います。理由を考えて誘いを断りなさい。

(4)　A：＿＿＿＿　来週の金曜日の夜、横浜のみなとみらいホールでクラシックコンサートがあります。オーケストラでバイオリンを弾いている友人にチケットを3枚もらいました。いっしょに行く人を考えて誘いなさい。

　　　B：＿＿＿＿　Aさんが、クラシックコンサートに行こうと言います。誘いを受けなさい。

(5)　A：＿＿＿＿　今週の日曜日午後2時から横浜のみなとみらいホールで講演会があります。テーマは「AIと外国語学習」で入場は無料です。いっしょに行く人を考えて誘いなさい。

　　　B：＿＿＿＿　Aさんが、講演会に行こうと言います。返事を保留しなさい。

✉ メールを書いてみよう

(1) 先生に、お茶会に誘われる。

件名： お茶会へのお誘い

サンチェスさん

こんにちは、山田です。　　　　　　　　　　　　　　　　　　◀ あいさつ

茶道を教えている友人から、下記のようなお誘いをいただきました。　◀ 事情説明
私も行こうと思っているのですが、ごいっしょにいかがですか。　◀ 誘い
友人には今週中にお返事することになっています。[1]　　　　◀ 返事の要求

わからないことなどありましたら、私までどうぞ。

山田
＝＝＝＝＝＝＝＝＝＝
紅葉の茶会のお知らせ　　　　　　　　　　　　　　　　　　◀ 誘いの内容の詳細
日時：令和5年　11月6日（日）午後3時から
場所：自宅　横浜市港区みなとが丘1-1
・ お茶が初めての方もお気軽にいらしてください。
・ ご希望があれば、少し茶道の手ほどきもいたします。

茶会（ちゃかい）tea ceremony; tea party／茶话会／tiệc trà
茶道（さどう）Japanese art of tea; Japanese tea ceremony／茶道／trà đạo
下記の（かきの）as indicated below; as follows／以下的／bên dưới
紅葉（こうよう）autumn leaves／红叶／lá đỏ
手ほどきする（てほどきする）to teach the basics／辅导／giới thiệu

(2) 返信a：お茶会への誘いを受ける。

件名： Re: お茶会へのお誘い

山田先生

お茶会のお誘い、どうもありがとうございます。　　　　　◀ あいさつ：
　　　　　　　　　　　　　　　　　　　　　　　　　　　誘いへの感謝

私が行ってもよろしいのでしたらぜひごいっしょさせてください。◀ 誘いを受ける

楽しみにしております。どうぞよろしくお願いいたします。　◀ 結び：期待

レベッカ・サンチェス

---

(3)　返信b：お茶会に参加できないことを伝える。

件名：Re: お茶会へのお誘い

山田先生

お茶会のお誘い、どうもありがとうございます。　　　　　　　◀ あいさつ：誘いへの感謝

ぜひごいっしょさせていただきたいのですが、　　　　　　　　◀ 断る前置き

実はその日はイギリスの大学の先生とオンラインミーティングが　◀ 断る理由
予定されており、残念ですが難しそうです。
せっかく貴重な機会をいただいたのに、残念です。　　　　　　◀ 断る残念さを
　　　　　　　　　　　　　　　　　　　　　　　　　　　　　　伝える
またこのような機会がありましたら、ぜひお声をおかけください。◀ 結び：期待
よろしくお願いいたします。

レベッカ・サンチェス

せっかく～のに though ～／好不容易～却／cất công ～ vậy mà
貴重な（きちょうな）precious／贵重的／quý giá

メールの重要ポイント

1　「返事要求」はどうしても必要な時にするが、誘う時は日時を決める必要があるので返事を要求してよい。返事要求のていねいな表現としては「ご連絡お待ちしております」「～日までにお返事いただければと存じます」などがある。

1　Generally, requests for a reply are added to emails only when absolutely necessary, but there is no problem in adding them to email invitations, given the need to schedule the event. Polite expressions for requesting a reply include ご連絡お待ちしております and ～日までにお返事いただければと存じます.

1　"要求回复"虽被用于必须要回复的时候，但邀请时需要决定日期时间，因此也可以要求回复。要求回复的礼貌表达方式有"ご連絡お待ちしております"、"～日までにお返事いただければと存じます"等。

1　Khi cần "yêu cầu trả lời" bằng mọi giá thì khi mời, có thể yêu cầu trả lời vì cần quyết định ngày giờ. Có các cách diễn đạt lịch sự khi yêu cầu trả lời như "ご連絡お待ちしております", "～日までにお返事いただければと存じます" v.v.

✏ 書いてみよう

1.　近くの大きな公園で来週の金曜日から3日間「全国ラーメン祭り」が行われます。クラスの人たちを誘うメールを書きなさい。また、それに対する返信のメールを書きなさい。

2.　山田先生が授業で上野の博物館で開かれる展覧会をすすめていました。普段見られない珍しいものがたくさん見られるそうです。友人をその展覧会に誘いなさい。

ロングさんの会話の進め方には問題があります。問題点を考えなさい。

1

ロング：山田先生、来週の金曜日に研究室のみんなで新しい院生の歓迎会
かんげいかい
をするんです。

山田　：あ、いいですねえ。

ロング：山田先生も参加なさりたいですか。

山田　：ええ、まあ……。

ロング：じゃあ、いっしょに行きましょうか。

山田　：はあ……。

2

田中（研究室の先輩）：
せんぱい
　　　ロングさん、今度、研究室でバスケチーム作ろうって言ってるん
だけどね。

ロング：はあ。

田中　：ロングさんも、どう？

ロング：バスケットボールはあまり好きじゃないです。

田中　：そうなんだ。じゃあ、練習のあとでご飯食べるので、それだけで
はん
もどう？

ロング：うーん、うるさいところはきらいですし、それに私、とっても忙
しいんです。

田中　：そうか……。ごめんね、忙しいのに。

それなら何とか…

条件について交渉する
じょうけん　　　　　こうしょう

ユニットの目標

◎ 条件などについて交渉できる。
じょうけん　　　　　　こうしょう

I can negotiate conditions, etc.／能够交渉条件等。／Có thể thương lượng về điều kiện v.v.

◎ 食事の支払いについて、適切に対応できる。
しょくじ　しはら　　　　　　てきせつ　たいおう

I can appropriately deal with payment for meals.／能够正确应对支付就餐费用。／Có thể ứng xử phù hợp khi thanh toán tiền bữa ăn v.v.

場面1 条件について交渉して依頼を引き受ける
ばめん　　じょうけん　　　　こうしょう　　　いらい　　ひ　う

A やってみよう

1. あなたは先生から、アメリカの教育事情について日本語で1時間ぐらい話してほしいと頼まれます。あなたは
きょういくじじょう　　　　　　　　　　　　　　　　　　　　　　　たの

1時間話すことには自信がありませんが、30分ぐらいならできそうです。先生に自分の希望を伝えなさい。
じしん　　　　　　　　　　　　　　　　　　　　　　　　　　　　　　　　　　　きぼう

教育事情(きょういくじじょう) educational conditions／教育情况／tình hình giáo dục

2. モデル会話1を聞いて、下の **基本** 部分の下線部をうめなさい。
きほん　ぶぶん　かせんぶ

◀)) U9-1

基本 9-1 (a)

先生　　：どうですか。

ケイン：あ、＿＿＿＿＿＿＿＿＿＿＿……。＿＿＿＿＿＿＿＿＿＿＿。

先生　　：ええ。

ケイン：1時間＿＿＿＿＿＿＿＿＿……。30分＿＿＿＿＿＿＿＿＿。

基本 9-1 (b)

先生　　：ありがとう。じゃ、そういうことで。急ですけど来週とかはどうですか。

ケイン：来週は……テストがあるので、ちょっと難しいんです。もし＿＿＿＿＿＿
むずか

＿＿＿＿＿＿＿＿、準備が＿＿＿＿＿＿＿＿＿＿＿＿＿＿＿。
じゅんび

先生　　：＿＿＿＿＿＿来月はどうですか。

ケイン：来月なら大丈夫です。
だいじょうぶ

3. 次のページの **基本** 部分を見て、1で自分が考えた表現とどのような点が違うかを確認しなさい。
つぎ　　　　　　きほん　　　　　　み　　　　　　　　　かんが　ひょうげん　　　　　　　　　てん　ちが　かくにん

で囲んだ **基本** 部分に注意して、スクリプトを見ながらもう一度モデル会話1を聞きなさい。　🔊 **U9-1**

先生① ：実はケインさんに一度、アメリカの教育事情について、クラスで話してもら
　　　　えないかと思いましてね。1時間ぐらい話してもらって、あとは質問を受けるっ
　　　　ていうような形で……。

　　　　　　　　　　　　　　　　　　　　　　　　　　　　　　　　基本 9-1 (a)
　　　　どうですか。

ケイン❶：あ、そうですか……。日本語ですか。

先生② ：ええ。

ケイン❷：1時間も話すのはちょっと……。30分ぐらいなら何とか……。

先生③ ：でしたら30分ぐらいでもいいですよ。あとはディスカッションという形にもで
　　　　きるから。

ケイン❸：それなら何とかなるかもしれません。

　　　　　　　　　　　　　　　　　　　　　　　　　　　　　　　　基本 9-1 (b)
先生④ ：ありがとう。じゃ、そういうことで。
　　　　急ですけど来週とかはどうですか。

ケイン❹：来週は……テストがあるので、ちょっと難しいんです。
　　　　もし再来週以降にしていただければ、準備ができるんですが……。

先生⑤ ：それなら来月はどうですか。

ケイン❺：来月なら大丈夫です。

先生⑥ ：じゃ、来月3日の月曜日に、お願いします。

ケイン❻：はい、わかりました。うまくできるかわかりませんが、よろしくお願いします。

先生⑦ ：こちらこそ。詳細はメールでお知らせします。

詳細（しょうさい）detail／詳细信息／chi tiết

基本部分の流れと表現

提案を受け、条件について交渉して引き受けるときの **基本** 部分の流れと表現を確認しなさい。

| 先生（提案する人） | ケイン（提案を受ける人） |

① 提案

> **F** いかがですか
> **N** どうですか
> **C** どう ↗

① 確認

> **F** **N** 〜（ということ）ですか
> **C** 〜か

② 問題点の提示

> **F** **N** **C** 〜（というの）はちょっと……

② 条件の提示

> **F** 〜ので、できましたら〜ていただけるとありがたいんですが
> **N** **C** 〜なら何とか……
> **N** 〜ので、できれば〜てもらえると助かるんですけど
> **C** 〜にしてくれない ↗

④ 受け入れ

> **F** **N** （でしたら）（〜で）お願いします
> **N** （でしたら）（〜で）いいですよ
> **N** **C** じゃ、そういうことで

④ 提案

④ 交換条件の提示

> **F** もし〜ていただければ、〜できるんですが
> **N** 〜してもらえれば、〜できます
> **C** 〜してくれれば〜するよ

⑤ 妥協案の提示

> **F** それなら〜はいかがですか
> **F** **N** なんでしたら〜でもかまいませんのでお願いします
> **C** だったら〜はどう ↗

⑤ 受け入れ

交換条件（こうかんじょうけん）terms of exchange／交換条件／điều kiện trao đổi
妥協案（だきょうあん）compromise／妥协方案／đề xuất thỏa hiệp

基本9-1 の流れを使って、重要ポイントを確認しなさい。 **F**

提案	先生①	：＿＿＿（提案する条件）＿＿＿。どうですか。	基本 9-1 (a)
確認	ケイン❶	：そうですか。 ＿＿＿（提案された条件）＿＿＿ ですか。	
	先生②	：ええ。	
問題点の提示	ケイン❷	：＿＿＿（問題がある条件）＿＿＿ はちょっと……。[1](a)	
条件の提示		＿＿＿（希望する条件）＿＿＿ なら何とか……。[1](b) [2]	

受け入れ	先生④	：ありがとう。じゃ、そういうことで。	基本 9-1 (b)
提案		急ですけど来週とかはどうですか。	
	ケイン❹	：来週は……テストがあるので、ちょっと難しいんです。	
交換条件の提示		もし ＿＿＿（交換条件）＿＿＿ ていただければ ＿＿＿（可能になること）＿＿＿ できるんですが。	
妥協案の提示	先生⑤	：それなら ＿＿＿（妥協案）＿＿＿ はどうですか。[3]	
受け入れ	ケイン❺	：＿＿＿（妥協案）＿＿＿ なら大丈夫です。[4]	

[1] 相手の提案した条件が受け入れられないときは、以下の方法で会話を進める。

　(a) 条件に問題があることを示して相手が新しい条件を示すのを待つ。

　(b) 続けて自分から希望する条件を示して（❷条件の提示　❹交換条件の提示）、相手の反応を見る。

[2] 相手の出した条件を受け入れられないと言いやすい場面なら、確認したり条件に問題があることを示したりすることを省略して、直接❷条件の提示をすることもある。

[3] 新しい妥協案を提示するときは、文の最初に「でしたら」「だったら」「それなら」などの接続詞を付ける。大きく譲歩するときは、「なんでしたら」「なんだったら」「なんなら」を使う。

[4] 「それでいいです」は許可を与える表現なので、目上の人に対する受け入れの表現としては適切ではない。「それでけっこうです」はていねいな表現だが、妥協をしているニュアンスがあるので、相手が自分のために譲歩したときには使わず、代わりに「それでお願いします」などを使う。「そうしましょう」は、恩恵が主に自分にあるときには使えず、主に相手と対等な立場で物事を決めているときに使う。

---

[1] In situations where you cannot accept conditions proposed by someone, you can use the following approach to discussing the matter.

　(a) Describe the issue you have regarding the conditions and wait for the person to propose new conditions.

　(b) Next, state the conditions you prefer (❷条件の提示　❹交換条件の提示) and see how the person reacts.

[2] In some cases where it easy to tell someone that you don't agree with their conditions, you may be able to skip the process of confirming those conditions and stating your issue with them, and instead go straight to ❷条件の提示.

[3] When proposing a compromise, begin the sentence with a conjunction like でしたら, だったら, or それなら. If you are making a big concession, use なんでしたら, なんだったら, or なんなら.

[4] それでいいです conveys that you are giving permission to the listener, so it is not an appropriate expression for agreeing to conditions proposed by a superior. それでけっこうです, while a polite expression, is not used in situations where the other person has negotiated to your benefit because it implies compromise; instead, use an expression like それでお願いします for these cases. そうしましょう is primarily used in cases where you and the other person will benefit equally from the negotiated conditions, and thus is not used when you are the one who will mainly benefit.

1　无法接受对方提出的条件时，应用以下方法进行对话。
　(a)　表示条件有问题，并等待对方提出新条件。
　(b)　接下来提出自己希望的条件（❷**条件の提示**　❹**交換条件の提示**），并观察对方的反应。
2　如果所处情况便于说明自己无法接受对方提出的条件，也可以不用确认条件或表示条件有问题，直接提出❷**条件の提示**。
3　提出新的妥协方案时，应在句子开头添加"でしたら"、"だったら"、"それなら"等连词。在做出较大让步时，则使用"なんでしたら"、"なんだったら"、"なんなら"。
4　"それでいいです"是表示允许的表达方式，因此不适合用于向前辈或级别较高的人表示接受。"それでけっこうです"虽然是一种礼貌的表达方式，但因为具有妥协的含义，所以在对方为自己做出让步时不使用这句，而应该使用"それでお願いします"等。"そうしましょう"不用于受益者主要是自己的情况下，而是主要用于自己与对方在平等立场下决定事物的时候。

1　Khi không thể tiếp nhận điều kiện mà đối phương đề xuất, tiến hành hội thoại bằng phương pháp sau.
　(a)　Chỉ ra vấn đề trong điều kiện và chờ đối phương đưa ra điều kiện mới.
　(b)　Tiếp theo là đưa ra điều kiện mà mình mong muốn (❷**条件の提示**　❹**交換条件の提示**) và xem phản ứng của đối phương.
2　Nếu là tình huống dễ nói việc không thể tiếp nhận điều kiện mà đối phương đưa ra, có thể giản lược việc xác nhận hoặc chỉ ra vấn đề trong điều kiện mà trực tiếp đưa ra ❷**条件の提示**.
3　Khi trình bày phương án thỏa hiệp mới, thêm từ nối vào đầu câu như "でしたら", "だったら", "それなら" v.v. Khi có sự nhượng bộ khá nhiều thì sử dụng "なんでしたら", "なんだったら", "なんなら".
4　"それでいいです" là cách diễn đạt cho phép nên không phù hợp để dùng tiếp nhận đối với người ở vị trí cao hơn mình. "それでけっこうです" là cách diễn đạt lịch sự nhưng hàm ý thỏa hiệp nên không sử dụng khi đối phương đã nhượng bộ vì mình, thay vào đó sử dụng "それでお願いします". "そうしましょう" thì không thể sử dụng khi mình nhận ơn nghĩa chủ yếu mà dùng khi quyết định sự việc trên lập trường bình đẳng với đối phương là chính.

基本の表現とていねい度

●希望する条件を示す

F フォーマル	**N** ニュートラル	**C** カジュアル
〜していただけると ありがたいんですが……	〜してもらえると ありがたいんですが……	〜してもらえると ありがたいんだけど……
〜でしたら何とか……	〜なら何とか……	〜なら何とかなるよ
〜（というの）はいかがですか	〜（というの）はどうですか	〜（というの）はどう↗
（〜で）よろしいですか	（〜で）いいですか	（〜で）いい↗

●交換条件を示して、希望する条件を示す

F フォーマル	**N** ニュートラル	**C** カジュアル
〜していただければ／ くだされば、〜できますが	〜してもらえれば／ くれれば、〜できますが	〜してもらえれば／ くれれば、〜できるよ／けど

●受け入れる

F フォーマル	**N** ニュートラル	**C** カジュアル
~なら／でしたら何とかなります		~なら／だったら 何とかなるよ
わかりました。それでお願いします		わかった。それでいいよ
わかりました。そうしましょう		わかった。そうしよう
でしたら（~で／でも） かまいません	でしたら（~で／でも） いいです	だったら（~でも） いいよ

C 練習しよう

1. モデル会話1を聞いて、ケインのパートがすらすら言えるように練習しなさい。

2. **基本9-1** と基本の表現とていねい度の表現を使って、「　　　」の表現にそれぞれの①~④を入れて練習しなさい。

(1) **問題点の提示・条件の提示「~はちょっと……。~なら何とか……。」**

① 3時間・2時間

② 1週間・3日間ぐらい

③ 大阪_{おおさか}まで行く・東京_{とうきょう}

④ 日本語でする・英語でする

(2) **条件の提示「~ので、できましたら~ていただけるとありがたいんですが。」**

① あしたは予定が入っている・あさってにする

② テストがある・締め切り_{し　き　の}を延ばす

③ 週3回は無理_{む　り}だ・週2回にする

④ 30ページ読むのは難しい・10ページにする

(3) **交換条件の提示「もし~ていただければ、~できますが。」**

① あさってにする・2時間

② 締め切りを延ばす・細かいところまでチェックする

③ 1回だけにする・引き受ける

④ 交通費_{こうつうひ}を支給_{しきゅう}してもらう・そちらで作業する

D 聞いてみよう

基本**9-1** を使ったいろいろなバリエーションを聞いてみましょう。

a. 会う時間と場所について先輩と交渉する。 **F**　·)) **U9-2**

中村：週 1 回ということですよね。都合のいい曜日はありますか。

ハジ：あの、金曜日の 3 時とかはいかがですか。一回 2 時間ぐらいで。

中村：金曜日は大丈夫ですが、3 時はちょっと……。できれば 3 時半からにしてもらえるとありがたいんですが。

ハジ：わかりました。それじゃ、3 時半から 5 時半ということでよろしいでしょうか。

中村：はい、それでお願いします。場所はどうしましょうか。

ハジ：図書館のグループルームが使えそうなんですが、いかがですか。

中村：あ、いいですね。そうしましょう。

ハジ：わかりました。予約しておきます。あさってからでも大丈夫でしょうか。

中村：あー、あさってはもう約束があるので、できれば来週からにしてもらえると助かるんですが。

ハジ：大丈夫です。それじゃ、12 日の金曜日、3 時半、よろしくお願いします。

b. お礼について先輩と交渉する。 **F**　·)) **U9-3**

島岡：では、毎週金曜日、3 時半から 5 時半まで会うということで。場所は図書館のグループルームにしましょう。

ワン：はい、わかりました。よろしくお願いします。それからお礼のことですが……。

島岡：いえ、私にとっても勉強になりますから、いいですよ。

ワン：いえ、それでは困りますから……。お忙しいところ、時間を割いていただくわけですから……。

島岡：いえいえ、お気持ちだけでけっこうです。

ワン：そうですか。ありがとうございます。では、いつかごちそうさせてください。

時間を割く（じかんをさく）to take the time／抽出时间／mất thời gian

c. 原稿チェックの謝礼の額を決める。 **N**　·)) **U9-4**

高橋　：よろしくお願いします。けっこう間違えているところもあると思うけど……。

ベルク：そんな。高橋さん、アメリカに留学したことがあるから、そんなに間違いはないと思いますよ。

高橋　：そうだといいんだけど。

ベルク：ただ、専門用語も多いし、発表の原稿だから間違ったら大変だし、図書館でいろいろ調べないと……。

高橋　：お手数おかけします。

ベルク：あの、ただ、言いにくいんですが、その、20 ページもありますし……。

高橋　：あっ、謝礼のことですね。すみません。私から言い出すべきなのに……。

ベルク：あ、いえ。

高橋　：もちろん、ベルクさんにただ働きさせるつもりはありません。でも、普通いくらぐらいなのかなあ。

ベルク：私もよくわからないんですけど、友だちに聞いたら、だいたい１語２円ぐらいだそうです。

高橋　：２円ですか。そうすると１ページ500語だったら20ページで２万円ぐらいですね。わかりました。私たちもそうしましょう。

謝礼（しゃれい）reward; fee／酬金／thù lao, tiền công

d. 友だちに引っ越しの手伝いを頼まれて、条件を出す。 C　　　　　　　　　　　　　　　　·)) U9-5

山下：今度の日曜、空いてる？

杉田：うん、特に何もないけど、何？

山下：悪いけど、引っ越しの手伝いしてくれない？

杉田：あー、別にいいけど、一日中？

山下：あ、もちろんある程度、都合に合わせられるけど……。

杉田：うーん、一日はちょっとなあ。月曜日の授業の準備もあるし……。

山下：じゃ、昼ごろはどう？　お昼にトラックが着くから、荷物の運び入れを手伝ってくれると助かるんだけどな。

杉田：うーん、どうしようかなー。

山下：手伝ってくれれば、一杯おごるよ。

杉田：ほんと？　だったらいいよ。

山下：じゃ、よろしくね。

おごる to treat／请客／chiêu đãi, bao

金銭の交渉

- 金銭についての交渉も **基本9-1** と同じ会話の流れ・表現が使える。ただし、自分がもらうアルバイト代や給料などについては、はっきりと交渉しないことが多い。また、交渉する場合でも遠回しの言い方やあいまいな言い方でほのめかして、相手に気づいてもらうようにすることもある。（→ D 聞いてみよう c）
- お金の有無や金額がそれほど重要でない場合は、「お気持ちだけでけっこうです」「お任せします」などの表現を使って、相手に決めてもらうこともある。（→ D 聞いてみよう b）
- 「お気持ちだけでけっこうです」には、二つの使い方がある。

  (a)「いえ、お気持ちだけでけっこうです」→謝礼がいらない

  (b)「では、お気持ちだけでけっこうです」→少しの謝礼でよい

場面2 食事代の支払いについて交渉する
しはら　　　　　　　こうしょう

A やってみよう

1. あなたは先生といっしょにレストランで晩ご飯を食べました。支払いの際に
ばん　はん　　　　　　　　　　　しはら　さい
先生がごちそうすると言いました。あなたは辞退しようとしますが、その後、
じたい
先生が払ってくれました。先生がごちそうすると言ったところから考えてみ
なさい。

ごちそうする to treat／请客、款待／chiêu đãi, mời ăn
辞退する（じたいする）to excuse oneself; to decline／拒绝／từ chối

2. モデル会話2を聞いて、下の **基本** 部分の下線部をうめなさい。

⋅)) U9-6

基本 9-2

（レジで）

先生　　：いいですよ。私が払いますから。

スミス：いえ、先生、＿＿＿＿＿＿＿＿＿＿＿＿＿＿＿＿＿＿＿＿＿。

先生　　：いえ、気にしないで。大丈夫ですよ。
だいじょうぶ

スミス：＿＿＿＿＿＿＿＿＿＿＿＿＿＿＿＿＿＿＿、

（店を出て）

スミス：先生、＿＿＿＿＿＿＿＿＿＿＿＿＿＿＿＿＿＿＿＿＿＿。

先生　　：いいえ。

3. 次のページの **基本** 部分を見て、1で自分が考えた表現とどのような点が違うかを確認しなさい。

で囲んだ **基本** 部分に注意して、スクリプトを見ながらもう一度モデル会話2を聞きなさい。 •)) **U9-6**

（レジで）   基本 9-2

先生① ：いいですよ。私が払いますから。

スミス❶：いえ、先生、そんな、申し訳ありませんから。（財布を出す）
　　　　　　　　　　　　　　もう　わけ　　　　　　　　　　さいふ

先生② ：いえ、気にしないで。大丈夫ですよ。

スミス❷：そうですか……。すみません。

（店を出て）

スミス❸：先生、ごちそうさまでした。

先生③ ：いいえ。

（数日後、研究室で）

スミス❹：先生、先日はごちそうさまでした。

先生④ ：いえいえ。私もスミスさんの大学時代の話が聞けて、楽しかったですよ。
　　　　　　また行きましょう。

スミス❺：はい。

財布（さいふ）wallet／钱包／cái ví

基本部分の流れと表現

支払いの申し出を受けるときの **基本** 部分の流れと表現を確認しなさい。

スミス	先生（支払う人）		
	① 支払いの申し出 （1回目）	**F** **N** 今日は私にごちそうさせてください **N** 私が払いますから **N** **C** 今日は私が **C** 今日はおごるよ
❶ 遠慮して断る えんりょ　ことわ		**F** いえ、そんな、申し訳ありませんから **N** **C** そんな、悪い（です）から
	② 支払いの申し出 （2回目）	**N** いえ、気にしないで。大丈夫ですよ **C** 大丈夫、大丈夫

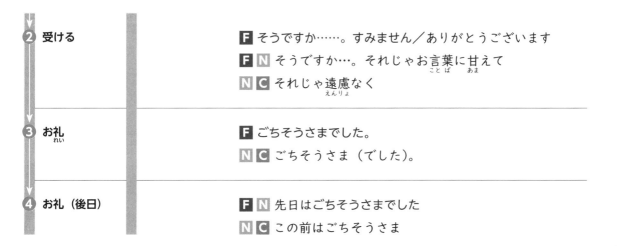

② 受ける	F そうですか……。すみません／ありがとうございます F N そうですか…。それじゃお言葉に甘えて N C それじゃ遠慮なく
③ お礼	F ごちそうさまでした。 N C ごちそうさま（でした）。
④ お礼（後日）	F N 先日はごちそうさまでした N C この前はごちそうさま

基本部分の重要ポイント

基本**9-2** の流れを使って、重要ポイントを確認しなさい。 F

基本 9-2

支払いの申し出	先生①	：いいですよ。私が払いますから。
遠慮して断る	スミス❶	：＿＿＿（支払いの申し出を断る表現）＿＿＿……。[1]
支払いの申し出	先生②	：いえ、気にしないで。大丈夫ですよ。
受ける	スミス❷	：＿＿＿（申し出を受ける表現）＿＿＿……。[2][3]
お礼	スミス❸	：＿＿＿（お礼）＿＿＿……。[4]

[1] いっしょにご飯を食べた人が「ごちそうします」と言ったら、友人の場合を除いて、一般的に、一度は遠慮する。

[2] 目上の人からごちそうの申し出があったら、一般的にはその申し出を受ける。

[3] それぞれが自分の分だけ支払うことにしたいときは「別々でいいですか」「別々にしましょう」と提案する。また、代金を人数で割って、みんな同じ金額を支払うようにしたいときは、「割り勘でいいですか」「割り勘にしましょう」と提案する。

[4] ごちそうになった場合や相手が自分より多く払ってくれた場合は、支払いが終わった後だけではなく、次に会ったときにもお礼を言うことが多い。また、帰ってすぐにお礼のメールを書くこともある。

---

[1] In general, if someone you dined with says ごちそうします, it's good manners to decline the offer once before accepting it. This is not necessary if the person is a friend.

[2] If a superior says they will pick up the tab, it's generally good manners to accept the offer.

[3] Use 別々でいいですか or 別々にしましょう to propose that each person pay for their portion. If you want to suggest splitting the bill evenly, say 割り勘でいいですか or 割り勘にしましょう.

[4] If someone picked up the entire tab or paid more than their share, it is common to thank them not only at the time of payment, but also when meeting them again later. Some people also email a thank-you as soon as they get home from the occasion.

1 如果一起吃饭的人说 "ごちそうします"，除了朋友以外，通常会先表示客气拒绝对方。

2 如果前辈或级别较高的人提出要请客，通常来说要接受邀请。

3 想要各自支付自己的费用时，应提出 "別々でいいですか"、"別々にしましょう"。此外，想要根据人数平摊费用，让每个人支付相同金额时，应提出 "割り勘でいいですか"、"割り勘にしましょう"。

4 如果对方请客或对方付的钱比自己多时，通常不只是在付款后表示感谢，在下次见面时也要表示感谢。此外，也可以在回家后立即写感谢邮件。

---

1 Nếu người cùng ăn cơm với mình nói " ごちそうします " thì trừ trường hợp là bạn thân, thông thường thì ái ngại và từ chối qua một lần.

2 Nếu người có vị trí cao hơn mình đề nghị khao mình thì thông thường tiếp nhận đề nghị đó.

3 Khi muốn quyết định phần ai người nấy trả thì đề xuất "別々でいいですか", "別々にしましょう". Ngoài ra, khi muốn chia đều số tiền cho số người để mọi người trả bằng nhau thì đề xuất "割り勘でいいですか", "割り勘にしましょう".

4 Trường hợp được khao và trường hợp đối phương trả nhiều hơn mình thì phần lớn không chỉ sau khi trả xong, mà lần gặp tiếp theo cũng nói cảm ơn. Ngoài ra, cũng có khi viết email cảm ơn ngay sau khi về.

C 練習しよう

1. モデル会話2を聞いて、スミスのパートがすらすら言えるように練習しなさい。

2. 基本9-2 を使って、会話の相手を変えて練習しなさい。

(1)「先生」を「知り合い」に変えて、N ニュートラルな会話を練習しなさい。

(2)「先生」を「友だち」に変えて、C カジュアルな会話を練習しなさい。

D 聞いてみよう

基本9-2 を使ったいろいろなバリエーションを聞いてみましょう。

a. 知り合いの支払いの申し出を受ける。N　　　　　　　　　　　　　　•») U9-7

田中　：今日は僕が払いますから。

アマー：え、そんな。悪いですから。

田中　：いえいえ、気にしないで。いつもお世話になっているし。

アマー：そうですか。それじゃ、お言葉に甘えて。

b. 先輩に、自分が支払うことを強く主張する。N　　　　　　　　　•») U9-8

コート：今日は私が払います。

田中　：いいよいいよ。

コート：いえ、いつもお世話になっていますから。

田中　：そんなこと、気にしないでいいよ。

コート：いえ、実は、この間した通訳のアルバイト代が出たばかりなんです。ですから、今日はごちそうさせてください。

田中　：そう？　じゃあ、今日はごちそうになっちゃおうかな。

c. **割り勘を提案する。** N ·)) U9-9

ハーン：で、支払いは割り勘でいいですよね。

島岡　：そうですね。

田中　：そうしましょう。

ハーン：えーと、全部で15,900円ですから、一人5,300円ですね。

田中　：私、細かいのがないので、私がまとめて払ってもいいですか。

ハーン：じゃ、よろしく。はい、5,300円。

割り勘（わりかん）going Dutch／AA制／phần ai nấy trả

d. **ごちそうになる。** C ·)) U9-10

山下：今日の支払いは僕が持つから。

今井：え、ほんと？　おごってくれるの？

山下：うん。まかせて。

今井：いいの？　やった！

支払いを持つ（しはらいをもつ）to pick up the tab for／承担付款／thanh toán, trả tiền

e. **会計で別々の支払いにする。** C ·)) U9-11

鈴木　：あの、別々でお願いします。

店の人：はい。わかりました。

鈴木　：私はとんかつ定食。

店の人：1,080円ですね。

鈴木　：はい。

川田　：僕は天丼。
　　　　　てんどん

店の人：880円です。

とんかつ定食（とんかつていしょく）pork cutlet set meal／猪排套餐／phần ăn thịt heo chiên xù tonkatsu
天丼（てんどん）bowl of rice topped with tempura／天妇罗盖浇饭／phần cơm tô có tempura

まとめの練習

1 下線部をうめて、会話を完成させなさい。

(1) 先生から依頼され、交渉して引き受ける。 **F**

木村　：実はグエンさんに一度、ベトナムの教育事情について、ゼミで話してもらえないかと
　　　　思いましてね。1時間ぐらい話してもらって、あとは質問を受けるっていうような形
　　　　で……。どうですか。

グエン：あ、そうですか……。日本語ですか。

木村　：ええ。

グエン：1時間も話すの＿＿＿＿＿＿＿＿……。30分ぐらいなら＿＿＿＿＿＿＿＿＿＿＿＿＿……。

木村　：＿＿＿＿＿＿＿＿＿＿＿＿30分ぐらい＿＿＿＿＿＿＿＿＿＿＿＿＿＿＿＿＿。
　　　　あとはディスカッションという形にできるから。

グエン：それなら何とかなるかもしれません。

木村　：じゃ、そうしましょう。で、ゼミは午前と午後の2回あるので、
　　　　できれば2回＿＿＿＿＿＿＿＿＿＿＿＿＿＿＿＿＿＿＿＿＿＿＿。

グエン：ええと、クラスがあるので午前＿＿＿＿＿＿＿＿＿＿＿＿＿＿＿＿＿＿＿。

木村　：そうですか。じゃ、午後だけでもいいので、ぜひお願いします。
　　　　急だけど来週とかはどうですか。

グエン：来週はテストがあるので、＿＿＿＿＿＿＿＿＿＿＿＿＿再来週
　　　　＿＿＿＿＿＿＿＿＿＿＿＿＿＿＿＿＿＿＿＿＿＿＿＿＿＿＿。

木村　：いいですよ。じゃ、再来週、お願いします。

(2) 先生にごちそうしてもらう。 **F**

（レジで）

先生　　：いいですよ。私が払いますから。

スミス：＿＿＿＿＿＿＿＿＿＿＿＿＿＿＿＿＿＿＿＿＿＿＿。（財布を出す）

先生　　：いえいえ、気にしないで。大丈夫ですよ。

スミス：＿＿＿＿＿＿＿＿＿＿＿＿＿＿＿＿＿＿＿＿＿＿＿。

（店を出て）

スミス：先生、＿＿＿＿＿＿＿＿＿＿＿＿＿＿＿＿＿＿＿＿＿。

先生　　：いいえ。

2　ペアを作り、AとBの役になって、条件を交渉する練習をしなさい。

(1)　**A**：Bさんに、知り合いの作文の英語チェックを頼みたいと思います。5ページぐらいお願いしたいと思っています。

　　　B：Aさんに、Aさんの知り合いの作文の英語チェックを頼まれます。2、3ページぐらいだったら引き受けてもいいと思っています。

(2)　**A**：あなたはカナダの映画制作スタッフです。冬休みにカナダから映画のロケ隊が来て4日間ぐらい東京近辺でロケをします。Bさんに、そのときの通訳を頼みたいと思います。4日間、午前10時から午後10時までお願いしたいと思っています。

　　　B：カナダの映画制作スタッフのAさんから、カナダの映画のロケ隊の通訳を頼まれます。ロケは東京近辺で4日間ぐらい行われます。2日間ぐらいの通訳ならしてもいいと思っています。また、家が遠いので、仕事は5時までにしたいと思っています。

> 映画制作(えいがせいさく) filmmaking／电影制作／sản xuất phim
> スタッフ staff／员工／nhân viên
> ロケ隊(ロケたい) location unit／摄制组／nhóm quay ngoài trời
> 近辺(きんぺん) vicinity／附近／lân cận
> 通訳(つうやく) interpreter／口译／phiên dịch

(3)　**A**：Bさんに何かを頼んでください。条件を交渉しながら引き受けてもらいなさい。

　　　B：Aさんに何かを頼まれます。条件などをよく確かめて、引き受けるかどうか決めなさい。

3　食事代の支払いについて交渉する練習をしなさい。

(1)　あなたは、会社の先輩とご飯を食べに行きました。いつもお世話になっている先輩にごちそうしたいと思うので、支払いの際に申し出なさい。

(2)　あなたは友だち2人と居酒屋に行きました。支払いの際に割り勘を提案しなさい。

(3)　あなたは友だち2人とドライブに行きました。友だちの1人がずっと運転をして、ガソリン代や高速道路料金を払ってくれました。ドライブ後、あなたともう1人の友だちは、ガソリン代や高速道路料金を少し多めに払いたいと思っています。支払いを申し出なさい。

✉ メールを書いてみよう

(1) **頼まれた仕事の条件変更を交渉する。**
たの　　　　　じょうけんへんこう　　こうしょう

件名： ウェブページ翻訳につきましてのご相談
　　　　　　　　　　ほんやく　　　　　　　　そうだん

原田洋平様
はら だ ようへいさま

いつもお世話になっております。　　　　　　　　　　　　　　◀ あいさつ

先日、お話をいただいたウェブページの翻訳の件で　　　　　　◀ 用件
ご相談させ**ていただきたくメールをいたしました。**⬚1
　　　　　　　　　　　　　　　　　　　　　　　けん

私といたしましても勉強になりますので、できればお引き受けしたい　◀ 事情・背景の説明
と思っています。　　　　　　　　　　　　　　　　　　　　　じじょう　はいけい

ただ、研究発表会が6月5日に予定されておりまして、締め切り日の
　　　　　　はっぴょうかい　　　　　　　よてい　　　　　　　　　しき び
6月3日はその準備がとても忙しい時期に当たってしまいます。
　　　　　　　　じゅんび　　　　　　　じき あ

締め切り日が発表会以降でしたら十分に作業に時間を割いて、ていね　◀ 新たな条件を示して
　　　　　　　　　いこう　　　　　　　　　　　　　　　　さ　　　　　　あら　じょうけん　しめ
いに仕事を進めることができるので、お引き受けしたいと思っており　　の提案
ます。

それで、もし可能でしたら、締め切り日を1、2週間延ばしていただ
　　　　　か のう　　　　　　　　　　　　　　　　　　　の
ければと考えておりますが、いかがでしょうか。

ご検討いただけれ**ば幸いです。**⬚2　　　　　　　　　　　　◀ 結び
けんとう　　　　　さいわ
よろしくお願いいたします。
　　　　　ねが

ジャン・ハートマン

翻訳（ほんやく）translation／翻译／sự biên dịch, dịch thuật
〜といたしましても＝〜としても
引き受ける（ひきうける）to accept; to undertake／接受／đảm nhận
締め切り日（しめきりび）due date／截止日／kì hạn, hạn chót
作業（さぎょう）work／工作、作业／công việc
時間を割く（じかんをさく）to take the time／抽出时间／mất thời gian
ていねいに carefully／小心地、礼貌地／một cách cẩn thận
延ばす（のばす）to extend／延展、延长／kéo dài

（2）　**先輩に翻訳料の相場について知らせる。**
　　　　ほんやくりょう　そうば

件名： 翻訳

鈴木さん
すずき

イリヤです。先日はありがとうございました。　　　　　　　　　　　◀ あいさつ

先日、お尋ねの翻訳料の件ですが、翻訳のアルバイトをしている友だちに　◀ 条件提示
　　　たず
聞いてみたところ1文字2円程度だということです。³　いかがでしょうか。
　　　　　　　　　　　　　ていど

来週にはファイルをお送りできると思います。またご連絡します。　　　◀ 結び

イリヤ

メールの重要ポイント

1　メールの目的が「お願い」であることを最初に示す表現。「～ていただきたくて、メールをしました」を意味する。ほかに「～の件でメールさせていただきました」なども使う。
　　もくてき
2　「ば／と／たら 幸いです」は間接的でていねいな依頼表現。
3　金額について交渉するとき、直接的にならないように、ほかの人から聞いた金額についての情報を紹介することがある。
　　　　　　　　　　かんせつてき　　　　　　　　　　　　　　　　　　　　　　　じょうほう　しょうかい

1　This expression is often used at the beginning of an email written to ask a favor. It means ～ていただきたくて、メールをしました (I am writing to ask you to ～.
2　ば／と／たら 幸いです is an indirect, polite way to make a request.
3　When negotiating a payment amount, some people avoid being direct by stating an amount they heard from someone else.

1　在开头表示邮件目的是"请求"的表达方式。意思是"～ていただきたくて、メールをしました（因为希望～，所以给您写邮件）"。其他还有"～の件でメールさせていただきました"等。
2　"ば／と／たら 幸いです（希望能够）"是一种间接、礼貌的委托表达方式。
3　交涉金额时，为了避免太直接，可以介绍从别人那里听说的金额的相关信息。

1　Là cách diễn đạt đầu tiên về mục đích của email là "Nhờ cậy". Có nghĩa là "～ていただきたくて、メールをしました (Em có việc muốn nhờ anh/ chị làm ～ nên viết email này)". Ngoài ra cũng có thể sử dụng "～の件でメールさせていただきました" v.v.
2　"ば／と／たら 幸いです" là cách diễn đạt nhờ cậy lịch sự mang tính gián tiếp.
3　Khi thương lượng về số tiền, có thể giới thiệu thông tin về số tiền mà mình nghe được từ người khác để không mang tính trực tiếp.

✐ 書いてみよう

1.　あなたは市役所の鈴木さんから、町の感想を日本語で書くように頼まれました。締め切りは今月末です。引き
　　　　　　　　　　　　　　　　　かんそう
　　受けたいと思いますが、作業は来月までできないので、締め切り日を1、2週間延ばしてほしいと思っています。
　　メールで鈴木さんに希望を伝えなさい。
　　　　　　　　きぼう

2.　あなたは、1か月に1回、小学生の英語の家庭教師をすることになりました。子どもの親と電話で話したとき、
　　　　　　　　　　　　　　　　　　　　かてい
　　謝礼はいくらぐらいがいいか聞かれました。あなたは、自分の勉強になるので謝礼はいらないと思っています。
　　しゃれい
　　そのことをメールで伝えなさい。

ロングさんの会話の進め方には問題があります。問題点を考えなさい。

1

先生　：実はロングさんに一度、アメリカの大学生の生活について、クラスで話してもらえないかと思いましてね。1時間ぐらい話してもらって、あとは質問を受けるっていうような形で……。どうですか。

ロング：あ、そうですか……。日本語ですか。

先生　：ええ。

ロング：1時間も話したくないです。30分ぐらいならいいです。

先生　：でしたら30分ぐらいでもいいですよ。あとはディスカッションという形にもできるから。

ロング：それでいいです。

先生　：じゃ、そういうことにしましょう。

　　　　で、クラスは午前と午後の2回あるので、できれば2回やってもらえるとありがたいんだけど。

ロング：ええと、午前は授業があるのでいやです。

先生　：そうですか……。じゃ、午後だけでもいいですので、ぜひお願いします。急ですけど来週とかはどうですか。

ロング：来週はテストがあるから、再来週以降がいいです。

先生　：そうですか。でしたら再来週、よろしくお願いします。

ロング：はい、そうしましょう。

お願いしたんですが…
苦情を言う／言われる・誤解をとく
<small>ねが</small>
<small>くじょう／ごかい</small>

ユニットの目標 ▰▰▰▰

◎ 問題が発生したときに適切に苦情を言うことができる。
<small>てきせつ　くじょう</small>

I can appropriately complain about a problem that has arisen.／能够在发生问题时适当做出投诉。／Có thể phàn nàn phù hợp khi phát sinh vấn đề.

◎ 苦情を言われたときに誤解をとくことができる。
<small>ごかい</small>

I can clear up a misunderstanding over something that someone complained about.／能被投诉时可以消除误解。／Có thể xóa bỏ hiểu lầm khi bị phàn nàn.

場面1 ホテルで苦情を言う
<small>ばめん</small>　<small>くじょう</small>

A やってみよう ▰▰▰▰

1. あなたはホテルの501号室に泊まっています。今朝、部屋にシャワーカーテンがないことをフロントに伝えましたが、夕方帰ってきても、まだシャワーカーテンが付いていません。フロントに電話をしてシャワーカーテンをすぐに持ってきてもらいなさい。
<small>う</small>

フロント front desk／前台／quầy lễ tân

2. モデル会話1を聞いて、下の **基本** 部分の下線部をうめなさい。
<small>きほん　ぶぶん　かせんぶ</small>

•)) **U10-1**

基本 10-1 (a)

ケイン　　：あのう、部屋のシャワーカーテンがないと＿＿＿＿＿＿＿＿＿＿＿ですが……。

フロント：あ、そうでしたか。申し訳ございません。
<small>もう　わけ</small>

ケイン　　：すぐ＿＿＿＿＿＿＿＿＿＿＿＿＿＿＿＿＿＿＿＿。

フロント：あ、申し訳ありません、ただいま清掃の者がちょっとおりませんので、
<small>せいそう</small>

　　　　　もう少々お待ちいただけますか。

ケイン　　：どのぐらい時間がかかりますか。

フロント：30分ぐらいかと……。

ケイン　　：うーん、今朝＿＿＿＿＿＿＿＿＿＿＿＿＿＿＿＿＿＿。
<small>けさ</small>

　　　　　これから出かける用事があって……。

清掃（せいそう）cleaning／清扫／sự dọn vệ sinh

3. 次のページの **基本** 部分を見て、1で自分が考えた表現とどのような点が違うかを確認しなさい。
<small>つぎ</small>　　　　　　　　　　　　　　　<small>ひょうげん</small>　　　　　　　　　<small>ちが</small>　<small>かくにん</small>

で囲んだ **基本** 部分に注意して、スクリプトを見ながらもう一度モデル会話 1 を聞きなさい。 •)) **U10-1**

フロント①	：はい、フロントです。
ケイン❶	：あ、すみません。501 号室のケインですが。
フロント②	：はい。
ケイン❷	：あのう、部屋のシャワーカーテンがないと今朝お願いしたんです　　　基本 10-1 (a) 　　　　が……。
フロント③	：あ、そうでしたか。申し訳ございません。
ケイン❸	：すぐ持ってきていただけますか。
フロント④	：あ、申し訳ありません、ただいま清掃の者がちょっとおりませんので、 　　　　もう少々お待ちいただけますか。
ケイン❹	：どのぐらい時間がかかりますか。
フロント⑤	：30 分ぐらいかと……。
ケイン❺	：うーん、今朝言っておいたんですけどね。 　　　　これから出かける用事があって……。
フロント⑥	：大変申し訳ございません。それではすぐに清掃の者を見つけまして 　　　　行かせます。5 分ほどお時間いただいてもよろしいですか。
ケイン❻	：はい、なるべく早くお願いします。　　　　　　　　　　　　　　基本 10-1 (b)

基本部分の流れと表現

苦情を言うときの **基本** 部分の流れと表現を確認しなさい。

ケイン（苦情を言う人）

2	**問題の状況説明** **（声かけ、いつ、どこで、** **何をしたなど）**	**F** **N** あのう、〜んですが…… **N** 〜んですけど…… **C** 〜んだけど……
3	**要求**	**F** **N** （〜ので）〜していただけますか／ませんか **F** お願いできないでしょうか ↘ **C** 〜してもらえない ↗

⑤ 不満の表明　　　　　　N ～んですけど(ね)

C 困ったなあ……

C ～けど……

⑥ 確認　　　　　　　　　F N お願いします

C よろしくね

基本部分の重要ポイント

基本10-1 (a)(b) の流れを使って、重要ポイントを確認しなさい。 F

基本 10-1 (a)(b)

問題の状況説明	ケイン❷	：あのう、＿＿(いつ、どこで、何をしたなど)＿＿んですが……。[1]
	フロント③	：あ、そうでしたか。申し訳ございません。
要求	ケイン❸	：すぐ＿(具体的な依頼内容)＿ていただけますか。[2][3][4]
	フロント④	：申し訳ありません。もう少々お待ちいただけますか。
不満の表明	ケイン❺	：うーん、＿＿(不満な気持ち)＿＿んですけどね。[5][6]
確認	ケイン❻	：＿＿(依頼の表現)＿＿。[7]

[1] できるだけ客観的に冷静に状況を説明する。

[2] 苦情であっても「依頼」の形式をとることはよくある。特に親しい関係で、関係を今後も良好に保ちたいときは、依頼の形式をとるほうが効果的なことがある。

[3] ❸要求のフレーズは**ユニット7「依頼する」**の表現を参照。

[4] 自分の要求を伝えるとき、苦情を言ったり行動を促したりすることができる立場であれば、「～ていただけますか」が使えるが、目上の人に対しては、直接的な依頼や要求の表現を使わない。具体的には次のような方法を取る。

・希望を表すことによって間接的に依頼する。

例：「できれば早くいただきたいのですが……」

・文を最後まで言わずに、相手が気づくように少しずつ情報を足していく。(→ D 聞いてみよう d)

・相手の落ち度に直接触れず、質問を繰り返す。(→ D 聞いてみよう e)

[5] 相手のせいであることを強く言いたいときは「(私は) ～んですけど(ね)」「(こういう予定があった) のに」などで遠回しに伝えることができる。

[6] 困っていることを独り言のように言うこともある。

例：「困ったなあ」「今朝言っておいたんだけどなあ」

[7] 相手の対応を見て自分から代案を示すこともある。(→ D 聞いてみよう h)

1. Try to explain the situation as objectively and calmly as possible.
2. Complaints are often expressed in the form of a request. This approach is particularly effective when you know the person well and want to maintain a good relationship with them.
3. See the request expressions (依頼する) in Unit 7 for phrases you can use for ❸要求 .
4. You can use 〜ていただけますか to make a demand in cases where you are in a position to make a complaint or urge an action. However, direct expressions for requesting or demanding something are not used when speaking to a superior. Instead, use the following approach.
   - Indirectly communicate your request by stating it as a preference.
     例：「できれば早くいただきたいのですが……」
   - Instead of expressing the request as a complete sentence, provide the information in fragments, trailing off at the end to encourage the listener to pick up on what you want. （→ D 聞いてみよう d)
   - Repeat your question without directly mentioning the person's mistake. （→ D 聞いてみよう e)
5. If you strongly wish to convey that the person was at fault, you can do so using roundabout expressions like （私は）〜たんですけど（ね）or （こういう予定があった）のに .
6. One approach to communicating your dissatisfaction is to say it as if talking to yourself.
   例：「困ったなあ」「今朝言っておいたんだけどなあ」
7. People complaining about something sometimes propose an alternative action based on the other person's response. （→ D 聞いてみよう h)

---

1. 尽可能客观冷静地说明情况。
2. 即使是投诉，也经常会使用“委托”的形式。在关系特别密切的人之间，希望今后也能保持良好关系时，采取提出委托的形式会更有效。
3. ❸要求的句子请参阅第7单元“依頼する”中的表达方式。
4. 在传达自己的要求时，如果所处立场可以提出投诉或敦促对方行动，可以使用“〜ていただけますか”，但对前辈或级别较高的人则不使用直接提出委托和要求的表达方式。具体采取以下方法。
   - 通过表达希望来间接提出委托。
     例：「できれば早くいただきたいのですが……」
   - 句子不说到最后，为了让对方产生意识，应逐渐添加信息。（→ D 聞いてみよう d)
   - 不要直接针对对方的过错，而是重复提问。（→ D 聞いてみよう e)
5. 在强烈想要表示错在对方时，可以用“（私は）〜たんですけど（ね）”、“（こういう予定があった）のに”等迂回的方式来传达。
6. 有时候也会以自言自语地方式来表示自己有困扰。
   例：「困ったなあ」「今朝言っておいたんだけどなあ」
7. 有时候也会根据对方的应对，自行提出替代方案。（→ D 聞いてみよう h)

---

1. Cố gắng giải thích tình trạng một cách khách quan, bình tĩnh.
2. Thường có hình thức "nhờ cậy" dù là phàn nàn. Đặc biệt, khi là mối quan hệ thân thiết và muốn duy trì mối quan hệ ấy tốt đẹp ngay cả về sau thì hình thức nhờ cậy sẽ hiệu quả hơn.
3. Tham khảo cách diễn đạt về " 依頼する " trong bài 7 về cụm từ " ❸要求".
4. Khi muốn truyền đạt yêu cầu của mình, nếu ở cương vị có thể nói lời phàn nàn hoặc thúc giục hành động thì có thể sử dụng "〜ていただけますか" nhưng với người có vị trí cao hơn mình thì không sử dụng cách diễn đạt nhờ cậy, yêu cầu trực tiếp. Cụ thể thì dùng những cách sau.
   - Nhờ cậy gián tiếp bằng cách trình bày nguyện vọng.
     例：「できれば早くいただきたいのですが……」
   - Không nói hết câu mà bổ sung thông tin từng chút một để đối phương nhận ra. （→ D 聞いてみよう d)
   - Không đề cập trực tiếp đến lỗi sai của đối phương mà lặp lại câu hỏi. （→ D 聞いてみよう e)
5. Khi muốn nhấn mạnh vì đối phương thì có thể truyền đạt vòng vo bằng "（私は）〜たんですけど（ね）", "（こういう予定があった）のに " v.v.
6. Cũng có khi nói mình đang gặp khó như nói một mình.
   例：「困ったなあ」「今朝言っておいたんだけどなあ」
7. Cũng có thể xem cách xử lý của đối phương rồi tự mình đề xuất phương án thay thế. （→ D 聞いてみよう h)

C 練習しよう

1. モデル会話1を聞いて、ケインのパートがすらすら言えるように練習しなさい。

2. **基本10-1** を使って、ホテルのフロントに電話して苦情を言う練習をしなさい。

	問題	要求	不満な気持ち
(1)	部屋にシャンプーがない	持って来てほしい	きのうもそうだった
(2)	タオルが汚れている	きれいなタオルに交換してほしい	今朝、清掃係に注意した
(3)	ルームサービスが来ない	係に確認してほしい	1時間前に頼んだ
(4)	Wi-Fiがつながらない	Wi-Fiに問題がないか確認してほしい	使えないと困る

ルームサービス room service／客房服务／dịch vụ phòng

D 聞いてみよう

基本10-1 を使ったいろいろなバリエーションを聞いてみましょう。

a. **ホテルで隣の部屋について苦情を言う。** F N　　　•)) U10-2

フロント：はい、フロントです。

グエン　：あのー、すみません。310号室に泊まっている者なんですけど。

フロント：はい。

グエン　：隣の部屋のテレビの音がうるさくて眠れないんですが。

フロント：そうですか、申し訳ありません。

グエン　：ちょっと注意していただけますか。

フロント：はい、お隣は309号室のほうでしょうか、311号室のほうでしょうか。

グエン　：309のほうだと思うんですが。

フロント：かしこまりました。すぐに対処いたします。申し訳ありませんでした。

グエン　：よろしくお願いします。

b. **居酒屋で支払いについて苦情を言う。** N　　　•)) U10-3

店員　：12,000円でございます。

スミス：あのー、すみません。この卵焼きが出なかったんで、食べてないんですけど。

店員　：えっ、そうでしたか、大変申し訳ございません。すぐに料金からお引きします。

スミス：いつ来るかなと思って待ってたんですけど。

店員　：大変失礼いたしました。

スミス：お腹いっぱいだったし、いいんですけど。

店員　：申し訳ございません。どうぞ、こちら割引券になっておりますので、ぜひ次回お越しになった際にお使いください。

割引券（わりびきけん）discount ticket／折扣券／vé giảm giá

c. 新幹線で座席について間違いを指摘する。 🄵 🄽　⏪)) U10-4

ムン：あの、すみません。

乗客：はい。

ムン：こちら、2号車の5のAですよね。

乗客：はい、そうですよ。

ムン：えーと、私のチケットも2号車の5のAなんですが……。

乗客：え、そう？　（チケットを探す）え、でも、ほら、私のも2号車の5のAだけど？

ムン：えっ、おかしいですね。ちょっと拝見してもよろしいですか。（チケットを見る）
　　　あっ、これ3号車ですよ。

乗客：えっ、あれ、本当だ。失礼しました。

ムン：いえいえ。

座席（ざせき）seat／座位／ghế

d. 先生に推薦状について問い合わせる。 🄵　⏪)) U10-5

アタル：あのう、先生。

先生　：はい、どうしました、アタルさん。

アタル：あのう、先日お願いした推薦状のことなんですが……。

先生　：はい、あ、あれね。

アタル：ええ、あのう、実は締め切りが来週でして……。

先生　：あ、はい、知ってますよ。

アタル：あ、そうでしたか、すみません。もしかして何か手違いがあったかと思いまして……。
　　　　失礼いたしました。よろしくお願いいたします。

先生　：はいはい。

手違い（てちがい）mistake／差错／sai lầm

e. 先生に打ち上げの出席について問い合わせる。 🄵　⏪)) U10-6

ルー：あのう、先生。

先生：はい。

ルー：あのう、来週の勉強会の後の打ち上げ、いらっしゃいますか。

先生：あ、ごめんなさい。お返事するのをすっかり忘れていました。出席するなら、先週まで
　　　にルーさんに言わなければいけなかったんでしたよね？

ルー：あ、はい、でもまだ間に合いますので……。

先生：そうですか。それでは今から人数に入れてもらってもいいですか。

ルー：あ、はい、わかりました。それでは、ぜひいらしてください。

先生：はい、すみません。じゃ、よろしくお願いします。

打ち上げ（うちあげ）end-of-term party／庆功／liên hoan tổng kết, tiệc mừng công

f. ルームメイトに苦情を強く言う。 C

グプタ：竹中さん、ちょっといい？

竹中　：うん、何。

グプタ：悪いんだけど、朝、食べたら、お皿、洗ってくれないかな。

竹中　：あ、うん。

グプタ：ほら、ゴキブリとか出ると、気持ちが悪いじゃない。

竹中　：うん……。

グプタ：何度もお願いして、竹中さんもいい気がしないと思うんだけど、やっぱり気持ちよく
　　　　暮らしたいし……。

竹中　：そうだね……。

グプタ：うん、私も忙しいときは、時々洗わないこともあるんだけど、なるべく気をつけたい
　　　　なと思って。

竹中　：はい……。気をつけます……。

グプタ：うん、よろしくね。私も気をつけるから。

ゴキブリ cockroach／蟑螂／con gián

g. クリーニング店に苦情を言う。 N

ハンス：すみません。

店の人：はい。

ハンス：あのう、先週、こちらでこのジャケットをクリーニングに出したんですけど。

店の人：はい。

ハンス：ここ、やぶれているんですけど、クリーニングの前にはなかったんです。

店の人：えっ、そうでしたか、ちょっと失礼します。（ジャケットを見る）

ハンス：はい、これ、あした着るつもりだったんですけど……。

店の人：そうでしたか、大変申し訳ございません。すぐに上の者に確認してまいります。少々
　　　　お待ちいただけますか。

ハンス：はい、お願いします。

上の者（上の者）superior／领导／cấp trên, người chịu trách nhiệm

h. 店に電話で苦情を言う。 **F**

店の人：もしもし、お待たせいたしました。電子機器売り場担当の井上です。

ファン：あ、すみません。きのうそちらで電子辞書を購入したんですが。

店の人：ありがとうございます。

ファン：電源を入れても動かないので交換していただきたいんですが。

店の人：そうですか。大変申し訳ございません。保証書はお手元にお持ちですか。

ファン：保証書……。あっ、保証書って、レシートのことでしょうか。

店の人：はい、レシートといっしょになっています。それではこちらに直接お持ちいただくか、着払いで郵送していただくかになりますが、いかがいたしましょうか。

ファン：うーん、ちょっと急いでるんですよね。直接そちらに持っていけば、すぐに新しいのと換えていただけるんでしょうか。

店の人：はい、保証書といっしょにお持ちいただければ、すぐに新しいものに交換いたします。

ファン：そうですか。じゃあ、今から直接持っていきます。ちょっと遠いんで、１時間後になりますけど、いいですか？

電子機器（でんしきき）electronic device／电子设备／thiết bị điện tử
売り場（うりば）booth; department／卖场／nơi bán, quầy bán hàng
担当する（たんとうする）to be in charge of; to handle／负责／phụ trách
電子辞書（でんしじしょ）electronic dictionary／电子词典／từ điển điện tử
購入する（こうにゅうする）to buy／购买／mua
電源を入れる（でんげんをいれる）to turn on／打开电源／bật nguồn điện, mở điện
交換する（こうかんする）to exchange／交换／trao đổi
保証書（ほしょうしょ）warranty／保修卡／giấy bảo hành
手元（てもと）on hand; with oneself／手边／trong tay

場面2 苦情を言われて誤解をとく
く じょう　　　　　　　　　　ご かい

A やってみよう

1. あなたはマンションの管理人さんにゴミの出し方について注意されました。
かん り にん
しかし、あなたは規則通りに出しています。誤解をときなさい。
き そくどお　　　　　　　　　　　　　　ご かい

管理人（かんりにん）(building) superintendent／管理人／người quản lý
規則通り（きそくどおり）according to the rules／按照规则／theo các quy tắc

2. モデル会話2を聞いて、下の **基本** 部分の下線部をうめなさい。

•))) U10-10

基本 10-2

管理人：あっ、スミスさん。この間の火曜日にゴミを出してましたけど、

　　　　コンビニの袋じゃだめなんですよ。
　　　　　　　　　　ふくろ

スミス：＿＿＿＿＿＿＿＿＿＿＿＿＿＿＿＿＿＿＿＿＿。

管理人：そうですよ。中身がはっきり確認できる透明か、
　　　　　　　　　　なか み　　　　　　かくにん　　　とうめい

　　　　半透明の袋じゃないと、持っていってもらえないんです。

　　　　次の回収日までそのままになっちゃうので、困るんですよねえ。
　　　　かいしゅう び

スミス：＿＿＿＿＿＿＿＿＿＿＿＿＿＿＿＿＿＿＿＿＿。

管理人：あ、そう？　じゃ、スミスさんじゃなかったのかな。

スミス：ええ。私はいつも透明の袋で出すように気をつけていますので……。
　　　　　わたし

管理人：あ、そうですか、ごめんなさい。じゃ、だれかな。困るのよね。

スミス：ええ、＿＿＿＿＿＿＿＿＿＿＿＿＿＿＿＿＿。私も気をつけておきます。

透明（とうめい）transparent／透明／trong suốt
半透明（はんとうめい）semitransparent／半透明／mờ, bán trong suốt
回収日（かいしゅうび）collection day／回收日／ngày thu gom

3. 次のページの **基本** 部分を見て、1で自分が考えた表現とどのような点が違うかを確認しなさい。

ユニット **10** 場面 **2** 苦情を言われて誤解をとく

B 基本部分を確認しよう

で囲んだ **基本** 部分に注意して、スクリプトを見ながらもう一度モデル会話2を聞きなさい。 •》) U10-10

管理人① : おはようございます。

スミス❶ : おはようございます。

管理人② : あっ、スミスさん。この間の火曜日にゴミを出してましたけど、　　　　　　　　　基本 10-2
　　　　　　コンビニの袋じゃだめなんですよ。

スミス❷ : えっ、私ですか。

管理人③ : そうですよ。中身がはっきり確認できる透明か、
　　　　　　半透明の袋じゃないと、持っていってもらえないんです。
　　　　　　次の回収日までそのままになっちゃうので、困るんですよねえ。

スミス❸ : あのう、私、透明の袋で出しましたが……。

管理人④ : あ、そう？　じゃ、スミスさんじゃなかったのかな。

スミス❹ : ええ。私はいつも透明の袋で出すように気をつけていますので……。

管理人⑤ : あ、そうですか、ごめんなさい。じゃ、だれかな。困るのよね。

スミス❺ : ええ、困りますよね。私も気をつけておきます。

基本部分の流れと表現

間違った苦情を言われ、その誤解をとくときの **基本** 部分の流れと表現を確認しなさい。

スミス（誤解をとく人）

2 状況確認
じょうきょう
- **F** 私でしょうか ↘
  わたくし
- **N** えっ、私ですか
  わたし
- **C** えっ、私／僕／俺 ↗
  わたし　ぼく　おれ

3 誤解をとく（否定）
ごかい　　　　　　ひてい
- **F** **N** あのう、（私は）～しましたが
- **C** 私／僕／俺じゃないと思うけど
- **C** ええー、私／僕／俺じゃないよ

4 主張の補強
しゅちょう　ほきょう
- **F** **N** 私は（いつも）～しています（しました）ので
- **C** だって～だし

5 同調
どうちょう
- **F** **N** 困りますよね。（私も～）
- **C** 本当、困るよね

基本部分の流れと表現

基本 **10-2** の流れを使って、重要ポイントを確認しなさい。 **F**

	管理人②	：あっ、スミスさん。___(問題の指摘)___だめなんですよ。
状況確認	スミス❷	：___(確認したい状況)___？
	管理人③	：そうですよ。困るんですよねえ。
誤解をとく	スミス❸	：___(誤解をとくための説明)___。 ① ② ③
	管理人④	：あ、そう？　じゃ、スミスさんじゃなかったのかな。
主張の補強	スミス❹	：___(説明の強調)___。
	管理人⑤	：あ、そうですか、ごめんなさい。じゃ、だれかな。困るのよね。
同調	スミス❺	：___(相手への同調)___。 ④

1. 苦情を言われ、自分に落ち度があると思ったときはまずはっきりと謝る。（→ユニット４「謝罪」）
2. ほかには「私じゃありません」「私じゃないと思うんですけど」などの表現を使って、自分が悪くないことを表明する。
3. 相手が言っていることに心当たりがないときは、「知りませんでした」「ちょっと覚えがないんですけど」などもある。
4. 相手が怒っているのを和らげるために、共感を示し、相手に同調しながら誤解であることを示す。

---

1. Whenever someone complains about something that you feel is your fault, the first thing to do is make a clear apology. （→ユニット４「謝罪」）
2. You can also use expressions like 私じゃありません, or 私じゃないと思うんですけど to state that you were not at fault.
3. If you have no recollection of doing what the other person is complaining about, you can respond with expressions such as 知りませんでした or ちょっと覚えがないんですけど.
4. To calm down someone who is angry, show empathy and agreement as you explain that the problem was a misunderstanding.

---

1. 被人投诉并觉得自己有错时，首先要明确道歉。（→ユニット４「謝罪」）
2. 其他还会使用 "私じゃありません"、"私じゃないと思うんですけど" 等表达方式来表明自己没有错。
3. 对对方所说的内容没有任何印象时，也会使用 "知りませんでした"、"ちょっと覚えがないんですけど" 等。
4. 为了缓和对方的愤怒情绪，应表示共情，一边同意对方一边表示是误解。

---

1. Khi bị phàn nàn và nghĩ là lỗi ở mình thì trước tiên, xin lỗi thẳng thắn rõ ràng. （→ユニット４「謝罪」）
2. Ngoài ra, sử dụng các cách diễn đạt như "私じゃありません", "私じゃないと思うんですけど" v.v. để giải thích mình không có lỗi.
3. Khi không biết đến việc mà đối phương nói thì có "知りませんでした", "ちょっと覚えがないんですけど" v.v.
4. Để xoa dịu cơn giận của đối phương, nên thể hiện sự đồng cảm, vừa tỏ vẻ đồng tình với đối phương vừa trình bày sự hiểu lầm.

C 練習しよう

1. モデル会話 2 を聞いて、スミスのパートがすらすら言えるように練習しなさい。

2. 基本 10-2 を使って、誤解をとく練習をしなさい。

	苦情を言う人	問題	あなたの主張
(1)	先輩 せんぱい	オフィスの電気を消し忘れて帰宅した	消して帰った
(2)	大家さん	自転車を駐輪場ではない場所にとめた	正しい場所にとめた
(3)	友人	貸した本に書き込みをした	その書き込みは前からあった

駐輪場（ちゅうりんじょう）bicycle parking space／自行车停车场／nơi để xe đạp
（自転車を）とめる to park (a bicycle)／停（自行车）／đỗ / để (xe đạp)
書き込み（かきこみ）writing／涂写／ghi chú, ghi chép (vào sách)

D 聞いてみよう

基本 10-2 を使ったいろいろなバリエーションを聞いてみましょう。

a. ファイルについて、後輩の誤解をとく。 C   ))) U10-11

山田　：もしもし、山田です。
　　　　やまだ

ゴメス：あ、山田さん、どうしたの？

山田　：ゴメスさん、すみません、ちょっとお聞きしたいんですけど。

ゴメス：はい。

山田　：今日、いっしょに勉強していたときに、資料の入ったファイルを持っていたんですが、今、
　　　　　　　　　　　　　　　　　　　　　　　　しりょう
　　　　見つからないんです。

ゴメス：え、私じゃないと思うけど。念のため見てみる。ちょっと待ってね。
　　　　　　　　　　　　　　　　ねん

山田　：すみません。

（ファイルを探す。）
　　　　　　　さが

ゴメス：もしもし、やっぱりないみたいだよ。

山田　：ええ、そうですか。困ったなあ。大事な資料が入っているんですけど。

ゴメス：うーん、困ったね。ミラーさんにも聞いてみれば。あのとき、ミラーさんもちょっと座っ
　　　　て話していったよね。

山田　：そうですね。ミラーさんにも連絡してみます。お手数おかけしてすみませんでした。

ゴメス：見つかるといいね。

（次の日）

ゴメス：あ、山田さん、ファイルあった？

山田　：あ、ゴメスさん。失礼しました。ありました。カバンの中をもう一度整理したら、自
　　　　　　　　　　　　しつれい　　　　　　　　　　　　　　　　　　　　　　　　　せいり
　　　　分で持っていました。すみませんでした。

ゴメス：なーんだ。よかったね。

b. ジムで、自分のせいではないことを暗に示す。N　◦))) U10-12

利用者：あのう、ここ、濡れてますよ。（床を指さす）

ムーア：あ、本当ですね。

利用者：困りますよ、水浸しじゃないですか。

ムーア：本当ですね、だれですかね。ちゃんとふかないと。

利用者：そうですよね、滑って危ないですよね。まったく、困りますね。

> 濡れる（ぬれる）to get wet／淋湿／bị ướt
> 水浸し（みずびたし）covered in water／浸水／ngâm trong nước
> 滑る（すべる）to slip／滑动／cầu trượt
> ふく to wipe／擦拭／lau đi

c. テレビのリモコンがないことを、ほかの人のせいにする。C　◦))) U10-13

川崎：中田さん、さっきテレビ見てたよね？

中田：うん、なんで？

川崎：テレビのリモコンがないんだけど、知らない？

中田：え？　僕じゃないよ、スミスさんじゃない？　さっき見てたから。

川崎：えー、でも中田さんが持っているのを見たのが最後なんだけど。

中田：え、違うって。ちゃんとテレビの上に置いたよ。スミスさんだと思うよ。

d. 下の部屋に住んでいる人から苦情を言われて、誤解をとく。F　◦))) U10-14

下の人：すみません、下の階に住んでいる者なんですけど。

カーン：はい。

下の人：音がちょっとひびくので、もう少し気をつけてもらえませんか。

カーン：えっ、そうでしたか。

下の人：ええ、特に夜の8時ごろから、けっこうドンドンひびくんですよね。

カーン：ああ……、そうですか。あのう、でも夜の8時ですと、私、あまり家にいないんですが。

下の人：え、そうなんですか、でもいつも8時ぐらいからうるさいんですけど。

カーン：平日ですか。

下の人：ええ、毎晩。

カーン：そうですか。私は平日の8時から9時までいつもジムのプールで泳ぐことにしているので、ほとんど家にいたことがないんですよね……。

下の人：そうですか？　でも確かにドンドンひびくんですけど。

カーン：ちょっとわかりませんが、もしかして隣の方かもしれませんね……。私も隣のほうからドンドン音が聞こえてきたことならありますが。

下の人：あ、そう。じゃ、その方かもしれませんね。失礼しました。

カーン：いえいえ。私も気をつけますが、とにかく……8時からでしたら、私ではないと思いますけど……。

まとめの練習

1 下線部をうめて、会話を完成させなさい。

(1) 違うものが届いたのでピザ屋に苦情を言う。 **F**

ピザ屋：はい、お電話ありがとうございます。ヨコハマピザです。

チョウ：あ、もしもし。

ピザ屋：はい、もしもし。

チョウ：すみません、今、ピザが届いたので開けてみたんですが。

ピザ屋：はい。

チョウ：あのう＿＿＿＿＿＿＿＿＿＿＿＿＿＿＿＿＿＿＿＿＿＿＿＿＿。

ピザ屋：ええっ、それは失礼いたしました。

チョウ：すぐに＿＿＿＿＿＿＿＿＿＿＿＿＿＿＿＿＿＿＿＿＿＿？

ピザ屋：はい、すぐにお持ちいたします。大変申し訳ございません。

(2) 書類をまだもらっていないので、ほしいと伝える。 **N**

ラモス：あのう、すみません。

先輩　：はい。

ラモス：＿＿＿＿＿＿＿＿＿＿＿＿＿＿＿＿＿＿＿＿＿＿＿が。

先輩　：え、何だっけ？

ラモス：＿＿＿＿＿＿＿＿＿＿＿＿＿＿＿＿＿＿＿＿＿。

先輩　：あ、はい、あれね。ごめんごめん。

(3) もう返した本について、誤解をとく。 **N**

上原　：ちょっと、カーマさん。

カーマ：はい。何でしょう。

上原　：ここにあった本、持ってるでしょう？

カーマ：ええっ！＿＿＿＿＿＿＿＿＿＿＿＿＿＿＿＿＿＿＿＿。

上原　：えー、でもカーマさんが持っているのを見たのが最後なんだけどなあ。

カーマ：＿＿＿＿＿＿＿＿＿＿＿＿＿＿＿＿＿＿＿＿＿。

上原　：そう？

2 ペアを作り、AとBの役になって、苦情を言ったり、苦情に対応したりする練習をしなさい。

(1) **A**：あなたのマンションの上の部屋に住んでいるBさんが、ベランダの花に水をやりました。その水が、あなたの洗濯物にかかって濡れてしまいました。Bさんにていねいに苦情を言いなさい。

B：マンションの下の階に住んでいるAさんが、あなたに苦情を言います。誤解をときなさい。

洗濯物(せんたくもの) laundry／洗好的衣服／đồ / quần áo phơi (giặt)

(2) **A**：ルームメイトのBさんは、いつも台所の洗い物をしません。食器がいつも汚れたまま置かれています。Bさんにていねいに苦情を言いなさい。

B：ルームメイトのAさんが、あなたに苦情を言います。

(3) **A**：隣の人がパーティーをしていて、うるさいので注意をしました。でもまだうるさいです。隣の人に苦情を言いなさい。

B：隣の人のAさんが、あなたに苦情を言います。

(4) **A**：隣の部屋のBさんは、ギターを練習する音がうるさいです。Bさんにていねいに苦情を言いなさい。

B：あなたは毎日ギターを練習しています。隣の部屋のAさんが、あなたに苦情を言います。適切に対応しなさい（謝罪をする・時間を交渉する・コンサートに誘うなど）。

考えてみよう！

対応に困ることを言われたことがありますか。誤解された経験、誘われた経験、言葉を教えてほしいと言われた経験……。話し合ってみましょう。

✉ メールを書いてみよう

(1) 商品の誤送について、店に苦情を言う。

> 件名： 商品の誤送について
>
> 横浜テック　ご担当者様
>
> 先日そちらでヘッドフォンを購入した者です。[1]
>
> 私はP-TX50のものを注文しましたが、昨日届いたのは、
> P-TX100の新型でした。[2]
> 注文書にはP-TX50とはっきり書いてありますが、
> 納品書にはP-TX100と書いてあります。
> どちらも添付しますので、ご覧ください。
>
> すぐに商品を交換していただけるとありがたいのですが、
> 私は明日から出張でしばらく家をあけますので、
> 送っていただいても受け取ることができません。
> 出張に持っていこうと思っていたので、本当に残念です。
>
> この商品は返金不可ということでしたが、
> すぐに返金をお願いします。[3]
>
> よろしくお願いいたしします。
>
> グエン・ザー・フィ

◀ 相手と自分の関係

◀ 状況説明

◀ 問題解決の要求

◀ 結び

誤送（ごそう）wrong shipment／误送／gửi nhầm
新型（しんがた）latest model／新型／mẫu mới, đời mới
注文書（ちゅうもんしょ）order form／订购单／đơn đặt hàng
納品書（のうひんしょ）delivery slip／交货单／phiếu giao hàng

(2) 以前住んでいたアパートの不動産屋に割れたガラスの修理代を請求されたが、自分のせいではないと主張する。

> 件名： 窓ガラスの修理代について
>
> トミタ商事　ご担当者様
>
> **メールで失礼いたします。**[4]
> 先月までフォレストみなとみらい201号室を**お借りしていた**ミラーです。[1]
> その節は大変お世話になりました。
>
> 送っていただいた請求書を拝見しました。[2]

◀ あいさつ

◀ 確認

それによると、窓ガラスが割れていたとのことで修理代が

請求されていますが、割ったのは私ではありません。

私が引っ越したときに、すでに小さなひびが入っていましたが、

それが自然に大きくなったものと思われます。

◀ 誤解をとく（否定）

参考までに、私が入居したときに撮影した写真を添付いたします。

こちらのひびはそもそも最初から入っていたので、

私が修理代を全額負担するのも疑問に思います。

◀ 主張の補強

ご不明な点などありましたら、お手数ですが、

電話ではなくこちらのメールにご返信いただけますと助かります。[3]

写真をご確認の上、ご対応のほどよろしくお願いいたします。

◀ 結び

ミラー

不動産屋（ふどうさんや）realtor／房产中介／công ty / người môi giới bất động sản
修理代（しゅうりだい）repair fee／修理费用／phí sửa chữa
請求（せいきゅう）demand; request／请款／yêu cầu thanh toán
その節（そのせつ）that occasion／那时、那次／dịp đó, lần đó
ひび crack／裂纹／nứt
全額負担（ぜんがくふたん）full payment／全额承担／thanh toán toàn bộ số tiền

メールの重要ポイント

1 相手から見て自分がだれなのかをまず説明する。
2 状況説明はできるだけ短く、はっきりする。
3 要求ははっきり示す。希望の日時があれば書く。
4 メールという、間接的で簡易な方法で連絡することをわびる表現。

1 Begin by identifying yourself in relationship to the recipient.
2 Explain the issue as clearly and concisely as possible.
3 Clearly express your demand. Include a deadline for responding if you wish.
4 This expression is used to apologize for communicating by email, which is considered an indirect and informal means of contact.

1 首先说明对对方来说自己是什么人。
2 情况说明应尽可能简明扼要。
3 要求应明确提出。如果有希望的日期时间，则写下。
4 对使用电子邮件这种间接、简易的方式进行联系表示歉意的表达方式。

1 Trước tiên giải thích mình là ai đối với đối phương.
2 Cố gắng giải thích tình trạng một cách ngắn gọn, rõ ràng.
3 Trình bày yêu cầu một cách rõ ràng. Nếu có ngày giờ mong muốn thì viết ra.
4 Là cách diễn đạt xin lỗi về việc liên lạc gián tiếp và đơn giản qua email.

書いてみよう

1. インターネットで買い物をしましたが、2週間以上待っても商品がまだ届いていません。すぐに使いたいので苦情のメールを書きなさい。

2. 先生から明日の発表の資料が提出されていないと連絡がありましたが、あなたは明日の発表の担当者ではありません。明日はリーさんが担当で、あなたは来週です。誤解をとくメールを書きなさい。

ロングさんの会話の進め方には問題があります。問題点を考えなさい。

1

管理人：ロングさん、ゴミは半透明の袋じゃなきゃだめなんですよ。

ロング：私じゃありません。

管理人：あ、そう？　じゃ、ロングさんじゃないのかな。

ロング：はい、管理人さんの間違いです。私はいつも透明の袋で出しています。

管理人：あ、そうですか。ごめんなさい。

ロング：大丈夫です。これから気をつけてください。

2

ロング：吉田先生、ちょっといいですか。

吉田　：はい、なんでしょう。

ロング：この間お願いした言語評価、書きましたか。

吉田　：あ、まだです。

ロング：ごめんなさい、早く書いていただけないでしょうか。

吉田　：締め切りは来月でしたよね。

ロング：ええ、でもまずは学校内でチェックするそうなんです。

吉田　：そうですか。それなら早く出しますね。

ロング：ありがとう。

言語評価(げんごひょうか) language evaluation／语言评价／đánh giá ngôn ngữ

付録
ふろく

◆ **敬語の基本：復習とまとめ**
けいご きほん ふくしゅう

初級で学習する内容と、本書で使われている表現やその他の例です。
しょきゅう た

敬語の復習やまとめに役立ててください。

◆ **重要表現一覧**
じゅうようひょうげんいちらん

敬語の基本：復習とまとめ
けいご きほん ふくしゅう

□ 敬語のルール

1. 敬語の種類と機能
しゅるい きのう

尊敬語　動詞：動作の主体（agent）を高くする。
そんけいご　どうし
　　　　名詞：持ち物・関係するものを高くする。
　　　　めいし　　　　かんけい
謙譲語　動詞：動作の主体を低くする。
けんじょうご
　　　　名詞：持ち物・関係するものを低くする。

　　　＊謙譲語は、相手のためにする場合に使う。

丁重語：　　「です・ます」よりさらにていねいな表現で、改まった（formal）場面で使う。
ていちょうご

2. 動詞の尊敬語の作り方

（1）おV(Stem)になります

　　Nなさいます

　　五段動詞（*u*-verb, 1グループ）　　読みます　　→　・お読みになります
　　一段動詞（*ru*-verb, 2グループ）　　調べます　　→　・お調べになります
　　スル動詞（irregular verb, 3グループ）　発表します　→　・発表なさいます
　　　　　　　　　　　　　　　　　　　　はっぴょう

（2）（ら）れます

　　Nされます

　　五段動詞（*u*-verb, 1グループ）　　読みます　　→　・読まれます
　　一段動詞（*ru*-verb, 2グループ）　　調べます　　→　・調べられます
　　スル動詞（irregular verb, 3グループ）　発表します　→　・発表されます

尊敬語を使った表現

・おV(Stem)になってください　→　おV(Stem)ください
「お名前をお呼びしますので、おかけになってお待ちください。」
　＝お待ちになってください

・Nなさってください　→　ごNください
「ここにお名前をご記入ください。」
　　　　　　　　きにゅう
　＝記入なさってください

3. 動詞の謙譲語の作り方

（1）おV(Stem)します

　　ごNします

　　五段動詞（*u*-verb, 1グループ）　　呼びます　　→　・お呼びします
　　一段動詞（*ru*-verb, 2グループ）　　調べます　　→　・お調べします
　　スル動詞（irregular verb, 3グループ）　案内します　→　・ご案内します

4．特別な形の敬語

尊敬語	ます形	謙譲語	丁重語
〜でいらっしゃいます	〜です		〜でございます
なさいます	します		いたします
いらっしゃいます	います		おります
	あります		ございます
（お聞きになります）	聞きます	うかがいます	
（お会いになります）	会います	お目にかかります	
ご覧になります	見ます	拝見します	
召し上がります	食べます 飲みます	いただきます	
	もらいます	いただきます	
	あげます	差し上げます	
くださいます	くれます		
いらっしゃいます	行きます 来ます	うかがいます	参ります
おっしゃいます	言います	申し上げます	申します
ご存じです ご存じでいらっしゃいます Neg. ご存じではありません	知っています Neg. 知りません	存じ上げています Neg. 存じ上げません	存じております Neg. 存じません
（〜とお思いになります）	〜と思います		〜と存じます

この表以外に「特別な形の敬語」には「お召しになります」（「着ます」の尊敬語）、「お休みになります」（「寝ます」の尊敬語）
「お見えになります」「お出でになります」「お越しになります」（「来ます」の尊敬語）など、多数ある。

5．丁重語について
てい ちょう ご

◉改まった自己紹介、プレゼンテーション、ビジネス場面、就職面接、接客場面などで使われる。
  あらた   しゅうしょくめんせつ せっきゃく ば めん
◉だれかを高くしたり低くしたりするものではない。
◉必ず「です・ます」とともに使われる。

以下の謙譲語と丁重語の違いに注意する。
              ちが

(1)「申し上げる」（謙譲語）と「申す」（丁重語）
   もう あ
   ・先生に自分の意見を申し上げました。

     目上の人に対して「言う」という意味

   ・初めまして、リンと申します。

     相手の知らないことを言うときの「〜といいます」の改まった形（×申し上げます）
     あい て

(2)「うかがう」（謙譲語）と「参る」（丁重語）
                        まい
   ・先週、山田さんのお宅にうかがいました。
                    たく
     目上の人の家（または研究室・オフィスなど）へ「行く」という意味

   ・まもなく電車が参りますので、お下がりください。

     「行く」または「来る」ことを改まった形で知らせる。（×うかがいます）

(3)「存じ上げる」（謙譲語）と「存じる」（丁重語）と「〜と存じる」（丁重語）
   ぞん あ
   ・山田先生のことは10年前から存じ上げています。

     目上の人を知っている、または目上の人についてのことを知っている

   ・申し訳ありません、勉強不足でそのことは存じませんでした。

     「知らなかった」の改まった形。「そのこと」は相手と関係がない。（×存じ上げませんでした）

   ・来月のイベントについて打ち合わせの必要があるかと存じます。

     「と思います」の改まった形。（×存じません）

６．動詞以外の敬語

(1) 尊敬語

① 名詞：お／ご＊＋名詞

・おかばん　・お車　・ご住所　・ご病気　・ご著書　・ご研究　・ご専門　……
　　　　　　　　　　　　　　　　　　　ちょしょ　　　　　　せんもん

＊「お」か「ご」か

　原則的には、和語（＝訓読みの語）には「お」、漢語（＝音読みの語）には「ご」が付きやすい。
　　　　　　　　　　　　　　　くん　　　　　　　　　　　　おん
　したがって動詞の場合は、五段動詞と一段動詞には「お」、スル動詞には「ご」が付きやすい。ただし、
　「お食事」「お電話」「お時間」など、日常よく使われる語には漢語であっても「お」の付くものや、
　「お返事・ご返事」のように、「お」「ご」どちらも付く語もある。また「論文」「作品」などのように、
　「お・ご」を付けないほうが自然な語もある。

　名詞の尊敬語には特別な形を持つものもある。

家	→	・お宅・お住まい	会社	→	・御社
妻	→	・奥様	夫	→	・ご主人
子ども	→	・お子さん			
娘	→	・お嬢さん	息子	→	・息子さん・お坊ちゃん＊

　　　　　　　　　　　　　　　　　　　　　　　　　　　　　　　＊現在ではあまり使われなくなっている。

② イ形容詞：お（＋イ形容詞＋）い

　　　　　　（お）（＋イ形容詞＋）（し）くていらっしゃる

・背がお高い方

・背が(お)高くていらっしゃいます

③ ナ形容詞：お／ご（＋ナ形容詞＋）な／だ

　　　　　　（お／ご）（＋ナ形容詞＋）でいらっしゃる

・お静かな方　　　　　　　　・ご立派なお仕事
　　　　　　　　　　　　　　　　りっぱ

・(お)静かでいらっしゃいます　　・(ご)立派でいらっしゃいます

(2) 名詞の丁重語（改まりを表す語）の例
　　　　　　　　あらた

わたし	→	・わたくし	本当に	→	・まことに		
ちょっと	→	・少々	今すぐ	→	・ただ今		
今日	→	・本日	あした	→	・明日・明日	きのう	→	・昨日
ここ	→	・こちら	どこ・どっち	→	・どちら	だれ	→	・どなた

□ 授受表現
じゅじゅひょうげん

動詞＋授受表現（あげる・くれる・もらう）＋敬語

例	読む人	利益を受ける人	許可する人
1. 私は先生に本を読んでいただきました。 　　お読みいただきました。*1	先生	私	
2. 先生は（私に）本を読んでくださいました。 　　お読みくださいました。*2	先生	私	
3. 私は先生に本をお読みしました。*3 （先生が小さい字が読みにくい、風邪をひいていて声が出にくい場合など）	私	先生	
4. 私は先生に本を読ませていただきました。*4	私	私	先生
5. 先生は（私に）本を読ませてくださいました。	私	私	先生

＊1 「おＶになっていただく・くださる」よりもよく使われる。

＊2 「お／ごＶ(stem)してくださる」はあまり使わない。

　　　例：田中さんがご親切に学校の中をお見せして△くださった。

＊3 「差し上げる」ではなく、謙譲語の「お／ごＶ(stem)する」を使う。

＊4 「Ｖさせていただく」は、話者の動作が他人の許可をもらって行われ、話者が利益を受けることを
　　　意味するのが本来の使い方だが、話者の動作が他人に遠慮しつつ行われる意味で使われる。

　　　例1：（レストランの注意書き）当店は、禁煙とさせていただいております。

　　　例2：（イベントの司会者が）それではそろそろ始めさせていただきます。

□ 基本的な「働きかけ表現*」とそのていねいな形

(1) Ｖましょうか（申し出）【ユニット5（場面1）】
→ ・Ｖ（謙譲語）ます
・Ｖ（謙譲語）ましょうか

(2) Ｖてもいいですか（許可求め）【ユニット6（場面1）】
→ ・Ｖてもよろしいでしょうか

(3) Ｖ（さ）せてください（許可求め）【ユニット6（場面1）】
→ ・Ｖ（さ）せてくださいませんでしょうか
・Ｖ（さ）せていただけませんでしょうか

(4) ＱＷ（interrogative）＋Ｖたら／ば いいでしょうか（助言をもらう）【ユニット6（場面2）】
→ ・ＱＷ＋Ｖたら／ばよろしいでしょうか

(5) （Ｖたら）どうですか（助言する）【ユニット6（場面2）】
→ ・（Ｖては）いかがでしょうか

(6) Ｖてください（依頼）【ユニット7（場面1）】
→ ・Ｖ（尊敬語）てください・Ｎ（尊敬語）ください
・Ｖてくださいませんでしょうか
・Ｖていただけませんでしょうか

(7) Ｖませんか（誘う）【ユニット8（場面1）】
→ ・Ｖ（尊敬語）ませんか

(8) Ｎはどうですか（提案）【ユニット9（場面1）】
→ ・Ｎはいかがでしょうか

重要表現一覧
じゅうようひょうげんいちらん

ユニット1

場面1 自己紹介をする

はじめまして

〜に所属しております〜と申します

専門は〜で、特に〜について研究しております

〜たいと思っております

〜は初めてですので

どうぞよろしくお願いいたします

場面2 話しかけてあいさつをする

あのう、すみません

（私、）（〜の）〜と申します

〜でいらっしゃいますか

それではぜひうかがいます。楽しみにしています

ユニット2

場面1 欠席や遅刻を連絡する

あのう、実は〜て……

（それで）〜せていただきたいと思いまして

〜に（そのように）お伝えいただけませんか

よろしくお願いします

場面2 電話での伝言

私、〜の〜と申しますが

いつもお世話になっております

（こちらこそ）お世話になっております

〜さん（を）お願いいたします

席をはずしております（が）

では、…（よう／と）お伝えいただけませんか

わかりました。申し伝えます

よろしくお願いいたします

〜さん（という方）から電話があって、〜とのことです

ユニット3

場面1 初めて訪問する

本日はお招きいただき、ありがとうございます

ようこそいらっしゃいました

どうぞお入りください／お上がりください

それでは、おじゃまします

これ、みなさんで召し上がってください。お口に合うかどうかわかりませんが

これはごていねいにありがとうございます

どうぞ、ご遠慮なく召し上がってください

ありがとうございます。それでは遠慮なくいただきます

もうこんな時間ですね。そろそろ失礼いたします

失礼いたします

おじゃましました

またいらっしゃってください

場面2 ほめられる

いえ、まだまだです

いえいえ／いえー

そう

ありがとうございます

そう言ってもらえるとうれしいです

ユニット4

場面1 奨学金の結果報告をする・お礼を言う

〜のことなんですが

おかげさまで〜ことになりました

本当にありがとうございました

場面2 遅刻したことを謝罪する

申し訳ありません（でした）

実は、〜

本当に申し訳ありません（でした）

ユニット5

場面1 助力を申し出る

〜でしょうか

よろしければ〜ましょうか

うまくできるかどうかわかりませんが

やってみます

場面2 紹介の申し出を断る／受ける

ありがとうございます

でも、せっかくなんですが、（〜ので）大丈夫です

わざわざ〜ていただいたのにすみません

よろしいんですか

ありがとうございます。じゃ、よろしくお願いします

ユニット6

場面1 コピー機を使う許可をもらう

すみません、ちょっとよろしいでしょうか

〜たいと思いまして……

それで、できましたら〜せていただけませんか

ありがとうございます

場面2 先生に助言をもらう

ご相談したいことがあるんですが

なんでしょう

実は〜んです

そうですか

〜たらいいでしょうか

〜たらどうですか

〜たほうがいいですよ

そうしてみます

わかりました

ユニット7

場面1 推薦状を書いてもらう

あのう、ちょっとお願いしたいことがあるんですが

実は、〜んです

それで、できましたら〜ていただけないでしょうか

ありがとうございます

お忙しいところ申し訳ありませんが、よろしくお願い（いた）します

場面2 依頼を断る

〜ですか……

〜はちょっと……

〜て……

大変申し訳ないんですが……

お役に立てなくてすみません

ユニット8

場面1 知り合いからの誘いを受ける

〜に（ご）興味（が）ありますか

興味あります

実は、〜んですが

よかったら、〜ませんか

いいんですか

（ありがとうございます。）じゃ、ぜひ

場面2 友人の誘いを断る

そうですね、とても〜と思いますが

（言葉が難しくてわかりません）し……

そうですか

せっかく誘ってくださったのに、すみません

ユニット 9

場面1 条件について交渉して依頼を引き受ける
じょうけん　　　　　　こうしょう

どうですか

〜ですか

〜はちょっと……

〜なら何とか……

お願いします

もし〜ていただければ、〜んですが

それなら

場面2 食事代の支払いについて交渉する
しはら

いえ、そんな、申し訳ありませんから

そうですか……。すみません

ごちそうさまでした

ユニット 10

場面1 ホテルで苦情を言う
くじょう

あのう、〜んですが……

〜ていただけますか

〜んですけど(ね)

お願いします

場面2 苦情を言われて誤解をとく
ごかい

えっ、私ですか

あのう、(私は)〜ましたが

私は(いつも)〜ていますので

困りますよね。〜も〜